Christian

Fu

rchtegott Gellert

Poetische Schriften

Christian
Fu
..

rchtegott Gellert

Poetische Schriften

ISBN/EAN: 9783741168949

Hergestellt in Europa, USA, Kanada, Australien, Japan

Cover: Foto ©Andreas Hilbeck / pixelio.de

Manufactured and distributed by brebook publishing software (www.brebook.com)

Christian
Fu

rchtegott Gellert

Poetische Schriften

Poetische Schriften

von

Christian Fürchtegott

Gellert.

I. Theil.

Wien

gedruckt und ver
bey F. A. Schrämbl.
1792.

Inhalt
des
ersten Theiles.

Fabeln und Erzählungen.
I. Abtheilung.

                             Seite

Die Nachtigall und die Lerche 3
Der Zeisig 6
Der Tanzbär 8
Die Geschichte von dem Hute 10
Der Greis 14
Das Füllen 16
Chloris 18
Der Kranke 23
Der Fuchs und die Elster 26
Das Land der Hinkenden 29

Inkle und Yariko	31
Der Kukuk	40
Das Gespenst	41
Der Selbstmord	44
Die Betschwester	46
Der Blinde und der Lahme	51
Der Hund	53
Der Prozeß	57
Der Bettler	62
Das Pferd und die Bremse	64
Die Reise	66
Das Testament	69
Damötas und Phyllis	73
Die Widersprecherinn	76
Das Heupferd oder der Grashüpfer	80
Semnon und das Orakel	81
Das Kartenhaus	85
Die zärtliche Frau	87
Der zärtliche Mann	90
Die Spinne	93
Die Biene und die Henne	95
Der süße Traum	98
Der Reisende	101
Der erhörte Liebhaber	103
Der glücklich gewordene Ehemann	109
Der gütige Besuch	111
Der Arme und der Reiche	112

Damokles 114
Die beiden Hunde 117
Selinde 120
Der Schatz 124
Monime 126
Der unsterbliche Autor 131
Der grüne Esel 133
Der baronisirte Bürger 136
Der arme Schiffer 139
Das Schicksal 142
Lisette 145
Die Verschwiegenheit 149
Die junge Ente 154
Die kranke Frau 156
Der gute Rath 162
Die beiden Mädchen 164
Der Maler 167
Die beiden Schwalben 169
Das Unglück der Weiber 171
Der sterbende Vater 176
Der junge Drescher 178
Die glückliche Ehe , ... 184
Die beiden Wächter 186
Das Kutschpferd 188
Die Fliege 190

Vorbericht.

Ich liefere hier die Werke eines Dichters, dem seine liebenswürdige Leichtigkeit im Vortrage, seine Popularität, und gewiß noch mehr als diese, seine prunklose, überall durchschimmernde Tugend mehr Verbreitung, mehr Einfluß auf unsere Litteratur, mehr moralische Wirkung, als irgend einem Deutschen Schriftsteller verschaffet haben. Sein Werth ist entschieden, und wird, welchen mannigfaltigen Abänderungen auch der litterarische Geschmack unterworfen ist, gewiß so lange dauern, als man für die einfache Schönheit zu empfinden vermag. Indeß, so gewiß seine Fabeln und Erzählungen, seine moralischen Gedichte, und seine erbaulichen Lieder ihn zum Deutschen Classiker erheben, so wenig scheinen mir seine moralischen Vorlesungen, seine Schwedische Gräfinn, seine Schauspiele u. d. g. für unsere in diesen Fächern mit so ausgezeichneten Musterwerken versehenen Zeiten irgend von Wichtigkeit zu seyn, und ich glaube daher, dem Publikum einen angenehmen Dienst zu erweisen, und selbst Gellerts Manen zu beehren, wenn ich bloß seine eigentlichen Gedichte, und selbst diese mit Ausschluß seiner Schäferspiele, liefere, und somit von diesem Deutschland so viele Ehre bringenden Manne nur das in meine Sammlung der Deutschen Classiker aufnehme, was von ihm wirklich classisch ist.

Ehrengedächtniß.

Christian Fürchtegott Gellert wurde im J. 1715 zu Haynichen im Sächsischen Erzgebirge geboren. Sein Vater Christian Gellert war daselbst der zweyte Prediger, der nach einer funfzigjährigen eifrigen Verwaltung seines Amtes als Oberprediger in seinem 75. Jahre starb, nachdem er von mittelmäßigen Einkünften 13 Kinder mit kluger Sparsamkeit erzogen hatte. Seine Mutter, eine geborne Schütz, erwarb sich nicht nur als eine rechtschaffene und gottesfürchtige Erzieherinn ihrer Kinder, sondern auch als eine menschenfreundliche Wohlthäterinn an ihrem Orte ein unvergeßliches Andenken. In ihrem bereits achtzigjährigen Alter, in dem sie starb, genoß sie noch die Freude, drey ihrer Söhne in günstigen Umständen zu sehen.

Den ersten Unterricht erhielt Gellert

in einer öffentlichen Deutschen Schule seines Geburtsstädtchens, der aber mehr in einer strengen sittlichen als wissenschaftlichen Erziehung bestand. Er wurde darum nicht selten, um sich an Ordnung, Unterwürfigkeit, Häuslichkeit und Genügsamkeit zu gewöhnen, von seinem ersten Lehrer zu solchen Verrichtungen angehalten, die man sonst nur den Dienstleuten zu überlassen pflegt. In seinem 11. Jahre schon schrieb er zur Bestreitung seiner kleinen Ausgaben Rügen, Kaufbriefe, Documente und gerichtliche Acten ab.

Schon in seinem 13. Jahre, ehe er noch auf die Lateinische Schule ging, fühlte er den Trieb zur Dichtkunst. Da schon sein Vater die Poesie liebte, und selbst zuweilen Verse schrieb, auch gegen seine Kinder ein zu liebevolles Herz besaß, als daß er irgend eine natürliche Anlage ihres Geistes hätte unterdrücken können: so ist es leicht erklärbar, daß er auch die Neigung seines Sohnes zur Poesie nichts weniger als ungünstig aufnehmen mußte. Auch sein älterer Bruder, der Oberpostcommissär, empfand einen gleichen Hang zur Poesie, und rühmte sich manchmal scherzweise, daß er unsern Gellert in der Dichtkunst unterrichtet hätte. Gellerts erster poetischer Versuch war ein Gedicht auf den Geburtstag seines Vaters. Die Wohnung desselben war ein baufälliges Haus, das, um seinen völligen Einsturz zu verhindern, von 14 bis 15 Balken unterstützt wurde. Eben so viele Sprossen machten damals die Gellertschen Kinder und Kindeskinder aus. Dieser Anblick veranlaßte bey ihm den Gedanken, jedes derselben zu einer Stütze des Vaters und seines Namens zu machen, und jede Stütze wünschte ihm Glück. Auf diesen Versuch, den man allgemein für sinnreich erkannte, folgten bald mehrere nach.

Im J. 1729 kam Gellert auf die Fürstenschule nach Meißen. Die verkehrte Art, mit der man damals fast auf allen Deutschen Universitäten die alten Schriftsteller zu erklären pflegte, war Ursache, daß er mehr mit dem todten Buchstaben der Römischen und Griechischen Dichter als mit ihrem Geiste bekannt wurde. Man verwundere sich also nicht darüber, daß

Gellert, durch diese pädagogische Erklärung irre geführt, keinen Geschmack an den Alten fand, und darum die Deutschen Lieblingsdichter seiner Zeit, Günther, Neukirch und Hanke, einem Horaz, Virgil und Homer vorzog. Um so mehr Dank hatte er aber seinen damaligen Lehrern für seine sittliche Bildung, die er immer von ihnen mit großer Erkenntlichkeit zu rühmen pflegte. Glücklicher Weise zählte er hier einen Gärtner und Rabener unter seine Schulfreunde. Sie schlossen bald mit einander das Band einer innigen Freundschaft, das nur der Tod auflösen konnte, und dienten sich gegenseitig zur Aneiferung in den Wissenschaften und zur Berichtigung ihres Geschmackes.

Die Kränklichkeit seines schon von Natur schwächlichen Körpers äußerte sich schon zuweilen in Meißen. Nach einem fünfjährigen Aufenthalte allda kehrte er wieder zu seinem Vater zurück, theils um sich von seiner Krankheit zu erhohlen, theils sich hier noch einige Zeit zum akademischen Leben vorzubereiten, das er im J. 1734 zu

Leipzig aufsicht. Hier waren in der Philosophie Adolph Friedrich Hofmann, in der Geschichte und Litteratur Jöcher, Christ und Kappe; in der Theologie aber, der er sich eigentlich zu widmen beschloß, Klausing und Weise seine Lehrer. Nach einem vierjährigen anhaltenden Fleiße, den Gellert auf dieser Universität zu seiner vollkommenen Ausbildung noch gern länger fortgesetzt hätte, ward sein Vater durch seine geringen Einkünfte, seinen Sohn noch länger an der Universität zu ernähren, genöthiget, ihn wieder zurück zu berufen. Bald nach seiner Zurückkunft legte er den ersten Beweis seiner geistlichen Beredsamkeit an seinem Geburtsorte in seinem 23. Jahre bey dem Todesfall eines Kindes ab, dessen Vater, ein rechtlicher Bürger, ihn wenige Tage vorher zu seinem Taufzeugen erbat. Er fing seine Parentation sehr beherzt und feyerlich an; allein schon bey dem dritten Absatze verließ ihn sein Gedächtniß, und der kurz vorher so muthvolle Redner stand in einer Betäubung da, von der er sich kaum erhohlen konnte. Dieser mißlungene Versuch ließ einen so lebhaften Eindruck in ihm zurück, daß er sich in der Folge nicht ohne große Schüchternheit und Herzbeklemmung auf die Kanzel wagte. Wäre es ihm gelungen, sich von dieser Ängstlichkeit zu befreyen, hätte er eine bessere Gesundheit, eine stärkere Brust und ein getreueres Gedächtniß gehabt (er mußte an einer Predigt 8 Tage lernen); so würde er sich durch die Leichtigkeit, Klarheit und Faßlichkeit seines Vortrags gewiß einen vorzüglichen Rang unter den geistlichen Rednern Deutschlands erworben haben.

Da seine häuslichen Umstände ihm nicht erlaubten, sich bloß mit der fernern Ausbildung seines eigenen Geistes zu beschäftigen; so übernahm er auf Valentin Ernst Löschers Anempfehlung im J. 1739 auf ein Jahr die Aufsicht über zwey junge Herren von Littichau unweit Dresden, unterrichtete nachher auch ein Jahr lang seiner Schwester Sohn und mit ihm einen seiner Brüder, der bald hernach auf der Schule zu Freyberg starb. Dieses Jahr zählte er unter das heiterste und glücklichste seines Lebens, weil es das einzige war, in dem er sich

bey seinem anhaltenden Fleiße einer vollkommenen Gesundheit zu erfreuen hatte.
Aber schon damals stieg in seinem weichen Herzen das religiöse Gefühl bis zur
Frömmeley. Er war so gewissenhaft in
der Ausübung des Gottesdienstes, daß er
Sonntags, ohne die äußerste Nothwendig-
keit, nicht einen Brief zu schreiben wagte,
und es sogar übel nahm, wenn er hörte,
daß man an diesem Tage einen Boten
von einem Orte zum andern abfertigen
wollte.

Nach hinlänglicher Vorbereitung zum
akademischen Lehrcurse seines Vetters be-
gleitete ihn Gellert im J. 1741 nach
Leipzig. Nebst der Pflicht eines Hof-
meisters hatte Gellert die Absicht, sich
in seinen Kenntnissen zum Dienste der
Welt noch mehr zu befestigen. Er wollte
deßwegen die philosophischen Vorlesungen
des tiefsinnigen Hofmann, die ihm ehe-
dem oft dunkel waren, noch ein Mal hören; allein sein von ihm so sehr geachteter
Lehrer starb einige Monathe nach seiner An-
kunft. Daselbst beschäftigte er sich mit dem
Privatunterrichte einiger Edelleute, und

überließ sich seiner angebornen Neigung zur Dichtkunst. Nach einer ausgebreiteten Gelehrsamkeit strebte er nicht; eine solche Anstrengung war mit seiner Anlage zur Hypochondrie nicht verträglich. Die Werke des Cicero, Quintilian und Horaz, und unter den neueren Autoren die Schriften Rollins und des Englischen Zuschauers, endlich auch der Umgang mit Gärtner und seinen übrigen Freunden, den nachmaligen Verfassern der Bremischen Beyträge, gaben seinem Geschmacke eine bessere Richtung. Mit gleichem Eifer suchte er auch sein Herz zu verbessern; daher kam es, daß alle seine Schriften mehr oder weniger auf die Verbreitung der Religion und Tugend abzweckten.

Als er ungefähr wieder ein Jahr in Leipzig war, fing Schwabe im J. 1742 eine Monathschrift unter dem Titel: Belustigungen des Verstandes und Witzes heraus zu geben an. Unser Dichter nahm Theil an diesem Journale, und bereicherte dasselbe mit einigen Fabeln, Erzählungen und Lehrgedichten, mit dem Schäferspiele das Band, und mit noch verschiedenen andern prosaischen Abhandlungen. Seine Aufsätze in den Beluſtigungen zeichneten sich so sehr zu seinem Vortheile aus, daß man bey jedem neu erschienenen Stücke dieses Journals nur auf seinen Namen das Augenmerk richtete. Um diese Zeit gewann Gellert einen neuen wichtigen Freund an dem als Dichter nicht minder beliebten Johann Elias Schlegel, und trat auch mit dessen edlen Brüdern in die genaueste Verbindung.

Weil Gellert zu Ämtern, bey denen man an abgemessene und anhaltende Arbeiten gebunden ist, keine zuverläſſige Geſundheit zu besitzen glaubte; so ging sein Entschluß dahin, sich dem Unterrichte der akademischen Jugend zu widmen. Er nahm sich vor, ihren Geschmack auf eine solche Art zu bilden, daß er sie überzeugte, Frömmigkeit erhöhe und veredle die Vergnügungen eines guten Geschmackes. In der Absicht erwarb er sich im J. 1744 als Magister die Freyheit, auf der Akademie öffentlich zu lehren, und vertheidigte im

J. 1745 eine Diſſertation: De Poesi Apologorum eorumque Scriptoribus, die ein Ungenannter im J. 1773 unter dem Titel: Gellerts Abhandlungen von der Fabel, und für das Rührende in der Komödie äußerſt ſchlecht ins Deutſche überſetzte. Die Faßlichkeit und Anwendbarkeit ſeines Unterrichtes erwarb ihm bald einen ſo allgemeinen und ausgebreiteten Beyfall, daß ſein Zimmer für die ungeheure Menge ſeiner Zuhörer aus allerley Claſſen und Ständen nicht Raum hatte, und er oft in den öffentlichen Lehrſälen leſen mußte. Batteux's Einleitung in die ſchönen Wiſſenſchaften, Erneſti's Rhetorik, Stockhauſens Entwurf einer Bibliothek, in der Folge auch ſeine eigene Abhandlung vom guten Geſchmacke in Briefen, und die Moral waren die Gegenſtände ſeiner Vorleſungen, in denen er manchmal auch Ausarbeitungen und ungedruckte Aufſätze, die ihm eingeſandt wurden, mit ſeinem Urtheile begleitet, vorlas. Auch pflegte er Büſchings Anleitung für Hofmeiſter zu erläutern, und bildete wirklich in dieſem Fa=

che so geschickte Männer, daß er von allen Orten Bestellungen und Aufträge um taugliche Hofmeister erhielt. Die Studirenden empfahl man gewöhnlich nur an ihn; er war auch in vielen Fällen ihr Lehrer, Wohlthäter und Rathgeber, und bestimmte gewisse Stunden des Tages, wo er alle, die ihn zu sprechen verlangten, anhörte. Kurz, kein Wißbegieriger oder Reisender verließ Leipzig, ohne seinen Vorlesungen beygewohnt, oder ihn nur wenigstens gesprochen zu haben, weil dieß zur größten Empfehlung gereichte.

Gegen das Ende des J. 1744 fiel Gellert in ein bösartiges Fieber, das sein Blut so sehr läuterte, und nachher eine so glückliche Veränderung in seinem Geiste hervor brachte, daß er nun deutlicher und richtiger, als je zuvor in seinen gesundesten Tagen, zu denken und zu schreiben im Stande war. Er begab sich, das Jahr darauf, um sich ganz zu erhohlen, zu einem seiner Freunde auf das Land. Da das Landleben, das er ohnehin sehr liebte, ihm neue Kraft und Munterkeit gab; so arbeitete er hier viele Gedichte aus.

Als die besseren Theilnehmer an den Belustigungen umsonst auf eine Reform dieses Journals brangen, so entwarfen Adolph Schlegel, Crämer und Gärtner den Plan zu einer neuen Zeitschrift, welche sie die Beyträge zum Vergnügen des Verstandes und Witzes betitelten, die im J. 1744 anfingen, und nach ihrem Verlagsorte die Bremischen Beyträge hießen. Dieß Journal war nicht nur allein dadurch merkwürdig, weil außer den oben erwähnten Verfassern die besten Köpfe der damaligen Zeit, Rabener, Schmidt, Ebert, Zachariä, Giseke, Klopstock, daran Theil nahmen, sondern auch weil sich alle Mitarbeiter selbst, von einem rühmlichen Gemeingeiste für die Verbreitung des bessern Geschmackes befeuert, durch wechselseitige Kritik unter einander bildeten. In ihren festgesetzten Versammlungen wurde nur derjenige Aufsatz zum Drucke bestimmt, der den Beyfall der meisten Glieder dieser litterarischen Gesellschaft erhielt. Gellert trat erst im J. 1745 in diese Gesellschaft, und unterwarf mit edelm Mißtrauen dem Urtheile derselben seine neuen Fabeln und Erzählungen, die er bisher in der Stille ausgearbeitet hatte. Aus einer dieser Erzählungen nahm er den Stoff zu seinem ersten theatralischen Versuche, die **Betschwester**, und in eben diesem Jahre 1745 schrieb er auch das Schäferspiel **Silvia** und das Lustspiel **die zärtlichen Schwestern.**

Nach der Herausgabe seines ersten Lustspieles wollte Gellert auch den ersten Theil seiner Fabeln und Erzählungen drucken lassen; allein mit so vielem Beyfalle man sie auch schon in den Bremischen Beyträgen aufnahm, fand doch Breitkopf, dem er sie antrug, Bedenken, sie zu verlegen. Wendler übernahm sie, und bereicherte sich in der Folge durch die wiederhohlten Auflagen von Gellerts Schriften so sehr, daß er die Handlung aufgeben und für sich leben konnte. So erschien nun im J. 1746 der erste Theil seiner **Fabeln und Erzählungen**, dem im J. 1748 der zweyte nachfolgte. Diesem Werke verdankt Gellert eigentlich seine Unsterblichkeit. Der natürliche und naive Ton seiner Erzählung bezau-

berte alle Classen von Lesern. Sie wurden
das allgemeine Erziehungsbuch, und ver-
breiteten bald durch ihre gefällige, jeder-
mann faßliche Leichtigkeit durch alle Stände
und Provinzen von ganz Deutschland einen
weit bessern Geschmack als den vorma-
ligen.

Im J. 1746 erschien sein Versuch im Fache der Romane unter dem Titel: Leben
der Schwedischen Gräfinn von
G** in zwey Theilen. Er wollte auch diese Art von Dichtung zur Moral benützen,
und in derselben ein Werk von mehr Würde und Bildung für Geist und Herz, als
bisher noch in dieser Gattung erschien,
aufstellen, und diesen Entzweck scheinet er,
wenigstens in Rücksicht dessen, was in diesem Fache bis dahin in Deutschland bestand,
erreichet zu haben, wenn gleich jetzt dieses Produkt durch ungleich bessere Werke
verdränget ist.

Schon um diese Zeit ertrug er heftige
Anfälle seiner Hypochondrie. Bey aller vor-
sichtigen Enthaltsamkeit von solchen Spei-
sen und Getränken, die dieß Übel nähren

konnten, bey aller Bewegung, die er machte, kurz, bey aller Mühe sich aufzuheitern, verbesserte sich doch seine Gesundheit nicht in seinem männlichen Alter. Viele Tage seines Lebens waren schon leidenvolle Tage für ihn. Um sich zu trösten, nahm er seine Zuflucht zur Religion, und sein menschenfreundliches Herz bewog ihn, die aus dieser Quelle geschöpften Betrachtungen in der Schrift: Trostgründe wider ein sieches Leben im J. 1747 auch der Welt mitzutheilen. Formey erweiterte diese Schrift in seiner Französischen Übersetzung zu einer ausführlichen Abhandlung. In eben diesem Jahre sammelte und verbesserte Gellert auch seine Lustspiele, und gab sie, vermehrt mit drey neuen Stücken: das Orakel, das Loos in der Lotterie und die kranke Frau, heraus. So edle und schöne Sittenzüge seine Lustspiele fast durchaus enthalten, so wohlgezeichnete Charaktere sie auch aus unserer bürgerlichen Welt darstellen: so mangelt ihnen doch die komische Kraft, das immer anhaltende Interesse des Planes und die Lebhaftigkeit und Präcision in der Sprache. Nichts desto weniger waren sie doch eine wohlthätige Erscheinung für die Verbesserung unsers damaligen noch ungebildeten Deutschen Theaters.

Ungefähr 7 Jahre lebte Gellert mit seinen Freunden, den Verfassern der Bremischen Beyträge, als sie im Jahre 1751 fast alle durch auswärtige Versorgungen getrennt wurden, und ihm aus ihnen nur allein noch Rabener auf einige Jahre übrig blieb. Diese allgemeine Trennung seiner Herzensfreunde war ihm um so empfindlicher, da ihn sonst nur ihre Gesellschaft aufzuheitern pflegte. Die Anfälle seiner Hypochondrie wurden nun häufiger und heftiger; doch schwächten sie nicht den Eifer in seinen litterarischen Arbeiten und Berufsgeschäften. Durch Rabener ermuntert arbeitete er an einer Sammlung seiner Briefe, die er, zugleich mit seiner praktischen Abhandlung vom guten Geschmacke in Briefen begleitet, im Jahre 1751 heraus gab, die als die ersten Muster guter Briefe in unserer Deutschen Sprache immer ihr großes Verdienst haben.

Das feyerlichste und wichtigste Werk,

das er jemals unternahm, war für sein Herz die Ausarbeitung seiner geistlichen Lieder, mit der er sich schon seit einiger Zeit, nicht ohne sich vorher sorgfältig vorzubereiten, beschäftigte, und die er im Jahre 1751 zum ersten Male heraus gab. Er wählte zu ihrer Bearbeitung nur seine heitersten Augenblicke, machte bey derselben öfters einen Stillstand, um die Empfindungen, die er in frommen Herzen zu erwecken suchte, erst durch sein eigenes Beyspiel zu prüfen. Diese Lieder so gemeinnützig als möglich zu machen, suchte er sich ganz dem gewöhnlichen Grade des menschlichen Geistes und Gefühles zu nähern, und er benützte hierzu, noch ehe er sie heraus gab, jede Kritik seiner fernen und nahen Freunde. Um so kränkender war ihm nachher das Urtheil über dieselben in den Göttinger gelehrten Anzeigen; die ausgebreitete Erbauung aber, die diese Lieder allenthalben erweckten, überzeugte ihn bald, daß dieß unbillige Urtheil den wohlthätigen Eindrücken, die er von ihnen erwartete, keines Weges nachtheilig war. Gleich nach ihrer Erscheinung nahm man sie in die neuen Lieder-

ſammlungen auf, die man damals in Zel=
le, Hannover und Zerbſt veranſtal=
tete. Die reformirten Gemeinden thaten
ein Gleiches, und bald folgten ihrem Bey=
ſpiele mehrere proteſtantiſche Kirchen, und
ſie dienen ſelbſt jetzt noch zur vorzüglichen
Erbauung derjenigen, welche für reines
Chriſtenthum das Gefühl nicht verloren
haben.

Im Jahre 1754 erſchienen ſeine ſchon vor
mehreren Jahren ausgearbeiteten **Lehr=
gedichte und Erzählungen;** ſie er=
hielten aber nicht einen ſo lebhaften Bey=
fall wie ſeine übrigen Schriften, weil der
zunehmende Deutſche Geſchmack damals
ſchon in jeder Art von Gedichten einen
höhern Schwung der Fantaſie, eine küh=
nere Fiction, und eine kräftigere und far=
benreichere Sprache verlangte.

Im Jahre 1756 fand er nöthig, das,
was er von ſeinen Fabeln und andern pro=
ſaiſchen Aufſätzen in den **Beluſtigun=
gen** ſeiner nicht ganz unwürdig hielt, noch
einmal mit der ihm eigenen kritiſchen
Strenge durchzugehen, und ſo entſtand

die Sammlung seiner vermischten
Schriften.

Zwölf Jahre hatte Gellert bereits zu
Leipzig gelehrt, ohne sich, theils aus
Mißtrauen auf seine Gesundheit, theils
auch aus Bescheidenheit, um ein öffentli-
ches Amt zu bewerben, als der Hof, aufmerksam auf seine Verdienste um die Akademie, endlich selbst verlangte, daß er um
die außerordentliche Professur der Philosophie anhalten sollte, wozu ihn vornehm-
lich auch seine geliebten Freunde, Rabener und Wagner, beredeten. Er erhielt
dieß Amt im Jahre 1751, und betrat den
Lehrstuhl mit der in seinen Werken be-
findlichen Abhandlung von dem Ein-
flusse der schönen Wissenschaften auf das Herz und die Sitten,
und mit einem Lateinischen Programme:
De Comoedia commovente, das Lessing
in seiner theatralischen Bibliothek
übersetzte. Nunmehr gab er öffentliche Vorlesungen über die Dichtkunst und Beredsamkeit. So geläufig ihm der Unterricht über diese Gegenstände ohnehin
schon war, so entwarf er ihn dennoch im-

mer nicht nur dem Inhalte, sondern auch dem Ausdrucke nach, und lehrte mit einem eben so freyen als gefälligen Anstande. Er unterhielt seine Zuhörer mehr mit Mustern aus den besten Schriftstellern als mit Regeln, und entwickelte bey ihnen mit dem Geschmacke am Schönen zugleich auch die Neigung zum Guten. Auch wyßte er die, welche sich unter seiner Anleitung in schriftlichen Aufsätzen übten, mit einer solchen Mäßigung des Lobes und Tadels zu behandeln, daß er weder schwächere Köpfe abschreckte, noch glücklichere Geister zu einem eiteln Zutrauen verleitete. Diese in ihrer Art musterhafte Lehrart und das Beyspiel seiner Rechtschaffenheit und Gottesfurcht erwarb ihm auch eine so allgemeine Anhänglichkeit und Liebe unter seinen Schülern, daß schon der Wunsch, seine Achtung zu gewinnen, sie von allen Ausschweifungen zurück hielt.

Im Jahre 1752 befiel ihn sein hypochondrisches Übel ungleich heftiger als jemals. Seine Tage waren ängstlich und trübe, seine Nächte unruhig und voll schrecklicher Träume, seine Brust durch unaufhörliche

Beklemmungen zusammen gepreßt und die Kräfte seines Geistes so erschlafft, daß er seine mit lauter schwarzen Bildern erfüllte Fantasie kaum durch Vernunft und Religion zu bekämpfen vermochte. Die Ärzte linderten sein Übel nur selten, und der wiederhohlte Gebrauch des Lauchstädter= und Karlsbades, die er in den Jahren 1753 und 1754 nach einander besuchte, verminderte es zwar um etwas, hatte aber doch den von ihm erwarteten wohlthätigen Erfolg nicht. Nichts desto weniger blieb ihm sein liebreiches Wesen, das seine ganze Physiognomie wie alle seine Handlungen so einnehmend bezeichnete, so ganz eigen, daß er seinen Schülern und denen, die um ihn waren, nicht durch die geringste Empfindlichkeit beschwerlich fiel: eine Tugend, deren Größe nur die vollkommen zu beurtheilen im Stande sind, welche die Macht kennen, mit welcher diese unselige Krankheit unsern Geist beherrschet: Eine so bewunderungswürdige Ergebenheit in sein Schicksal ließ die Vorsicht, auf die er immer fest vertraute, auch nicht unbelohnt; sie stärkte und erquickte ihn durch unvermuthete Wohlthaten. Ein

Freyherr von Krause in Schlesien bot ihm einen ansehnlichen Jahrsgehalt an, und als er ihn edelmüthig ausschlug, ertheilte er denselben seiner alten ehrwürdigen Mutter bis an ihren Tod. Eben so selten als merkwürdig war die Dankbarkeit eines jungen Preußischen Offiziers, der eben in Leipzig im Jahre 1754 eine Erbschaft von 5 bis 6000 Thalern zu erheben hatte. Gellert sprach ihn zweymal bey einem vertrauten Freunde, und als sich der Fremde bey der dritten Zusammenkunft auf einige Augenblicke mit ihm allein sah, gab er sich mit verschämter Offenherzigkeit als seinen großen Schuldner wegen der Besserung an, die in ihm die Lesung seiner Schriften veranlasset habe, wobey er ihm mit der edelsten Art ein Geschenk von 20 Louisd'ors aufdrang. Die dadurch erweckten Empfindungen der Dankbarkeit und eines edeln Selbstgefühles breiteten eine Heiterkeit über Gellerts Geist aus, die seinem leidenden Körper auf einige Zeit heilsam wurde. Gleichwohl erneuerten sich seine Leiden bald wieder. Eben darum suchte er auch seinen Geist auf seinen einsamen Spaziergängen, bald ins freye Feld, bald zu den Gräbern, durch das Andenken an die Kürze eines noch so angstvollen Lebens und an die Nähe einer freudigen Zukunft zu stärken. Seine süßeste Erquickung fand er indeß immer im Wohlthun. Dennoch — so viel erlaubet sich Scheelsucht und Verläumdung — wurde dieser edle Mann in einer namenlosen Schmähschrift seiner Gesinnungen und seiner Schriften wegen auf das bitterste angegriffen. Er gestand selbst, daß er nicht ohne Überwindung diese Beleidigung zu ertragen gewußt habe.

Um den Kriegsunruhen von 1755 auszuweichen, und durch die Laubluft neuerdings zu genesen, verfügte er sich auf das Gut des Kammerherrn von Zettwitz nach Bonau von dem er, wegen Annäherung beider feindlichen Armeen, sich zwar bald entfernen mußte, auf das er aber wieder zurück kehrte. Hier befiel ihn, nach einer Erkältung auf einem späten Spaziergange, ein heftiges Fieber. Er wurde zwar durch die sorgsamste Pflege seiner Freunde wieder hergestellt, vermochte aber seit dieser Krankheit sich nie wieder vollkommen zu erhohlen. Der Tod seines Freundes, Freyherrn von Cronegk, den er einige Monathe nach seiner Zurückkunft in Leipzig erfuhr, war eine Kränkung, die ihn, bey der Schwächlichkeit seines Körpers, um so mehr erschüttern mußte.

Bey zunehmender Hypochondrie entsagte Gellert, ungeachtet man ihm viele freundschaftliche Vorwürfe darüber machte, immer mehr der Dichtkunst; dagegen entschloß er sich, nachdem er schon einige Male Fordyeens Moral mit Beyfall erklärt hatte, eigene Vorlesungen über die Sittenlehre auszuarbeiten, und zu einem besondern Gegenstande seines akademischen Unterrichts zu machen. Der Mittelweg zwischen System und Declamation, den er zu treffen suchte, sein rührender Vortrag, und vielleicht mehr als alles dieses, daß Gellert lebte, wie er lehrte, erwarb diesen Vorlesungen den größten Zulauf, so, daß sich sein Hörsaal durch die vielen Offiziere, die während des damaligen Krieges seinen Vorlesungen beywohnten, beynahe in das Vorzimmer eines Generals verwandelte. Die Preußischen Prinzen

Karl und Heinrich hatten öftere Unterredungen mit ihm, und letzterer gab ihm sogar das Pferd, das er in der Schlacht bey Freyberg geritten hatte, durch Herrn von Kalkreuter zum Geschenke. Ja, er hatte sogar Gelegenheit, als Erzieher der Kronprinzen nach Dänemark zu kommen; doch wollte er nicht sein theures Vaterland, so lange ihn nicht dazu sein nothdürftiger Unterhalt nöthigte, verlassen. Alle Welt weiß des großen Friedrich Unterredung mit ihm; so war es auch Achtung für des Dichters Verdienste, die den General Hülsen bewog, seinen Geburtsort nur mit einer sehr leichten Einquartirung zu belegen, und er ließ es dem Rathe ausdrücklich melden, daß dieß bloß aus Wohlwollen für Gellert und dessen Schriften geschehe. Der Englische Gesandte Mitchel, der seine Schriften mit großem Vergnügen las, beeiferte sich vorzüglich um die während des Krieges zurück gehaltene Auszahlung und Erhöhung seiner Pension.

Nach dem Tode des Dr. Müller trug ihm im Jahre 1761 die Regierung dessen erledigte ordentliche Lehrstelle der Philosophie an; allein so sehr seine Freunde, Ernesti, Wagner und sonderlich Rabener, um die Annahme derselben in ihn drangen, so willkommen ihm auch bey seiner Kränklichkeit ein gewisses jährliches Einkommen hätte seyn sollen: so schlug er sie dennoch aus, theils aus Genügsamkeit, theils aus Furcht, seiner Kränklichkeit wegen seinen Pflichten nicht ganz obliegen zu können, theils auch aus Abneigung gegen alle Collegialstreitigkeiten, die mit ordentlichen Lehrstellen verbunden zu seyn pflegen. Durch einen seiner liebsten Schüler, Graf Moritz von Brühl, erhielt er seit 1762, ohne daß er jemals etwas davon erfuhr, einen jährlichen Gehalt von anderthalb hundert Thalern. Auch verfloß fast kein Jahr, wo nicht aus Deutschland, Liefland, Dänemark und Ungarn von Leuten, die entweder seine Schüler gewesen, oder ihn aus seinen Schriften hochschätzten, ansehnliche Geschenke auf der Post an ihn einliefen. Nach dem Tode des berühmten Maskow ertheilte ihm der Hof dessen Gnadengehalt von 485 Thalern: eine Summe, die ihm, nebst seinen übrigen Einkünften, für sein Bedürfniß viel zu groß schien, so, daß er der Regierung seinen Gehalt nur bis auf 300 Thaler herab zu setzen den Antrag that. Dieser Vorschlag wurde aber eben so wenig als derjenige angenommen, in dem er einige verdiente Männer nannte, denen er das Übrige zugetheilt zu sehen wünschte. Friedrich Christian, der die Regierung nach dem Tode des Königs August antrat, beehrte ihn mit den beträchtlichsten Geschenken. Sein Sohn und Nachfolger in der Kur äußerte gegen ihn eben so wohlthätige Gesinnungen. Nicht minder wohlthätige Beweise seiner Freygebigkeit gab ihm alljährlich, ungeachtet seiner Weigerung dagegen, auch Herr von Rohow, den er während des Krieges kennen lernte, und mit dem er in beständigem Briefwechsel stand.

Bey einer so allgemeinen Verehrung und Liebe, die Gellert sowohl in seinem Vaterlande als auch im Auslande selbst genoß, bey so beschriebenen und mäßigen Wünschen hätte er nun das glücklichste Leben führen können, wenn nicht sein täglich mehr um sich greifendes Übel seine Kräfte langsam aufgezehret und ihm jeden Lebensgenuß verbittert hätte. Es wich keiner Arzeney, und darum riethen ihm auch seine Ärzte, den Gebrauch des Karlsbades noch ein Mal zu versuchen, welches er auch in den Jahren 1763 und 1764 that. Es brachte beide Male zwar keine nachtheilige, aber auch keine außerordentliche Wirkung in ihm hervor. Das Wichtigste für ihn waren die Bekanntschaften von hohen und angesehenen Personen, die er daselbst machte, worunter auch die unsers verewigten Feldmarschalls Loudon war, der sein ganzes Leben hindurch sein eifriger Verehrer blieb, und ihm sogar in seinem Garten zu Habersdorf ein eigenes Denkmahl errichtete. Im Jahre 1764 gab Gellert eine Übersetzung von Saurins Glaubens- und Sittenlehre in Form eines Katechismus heraus.

So oft der Hof in den Jahren 1765 bis 1769 nach Leipzig kam, mußte Gellert vor demselben öffentliche Vorlesungen halten. Die Vorlesung, die er im Jahre 1765 von der Beschaffenheit, dem Umfange und dem Nutzen der Moral hielt, erregte wegen der rührenden Art, mit der er darin des verstorbenen Kurfürsten gedachte, allgemeine Thränen. Ohne Vorwissen des Verfassers erschien sie in gewissen Bayerischen Sammlungen, daher er sie dann im Jahre 1766 selbst heraus gab. Im Jahre 1767 hielt er eine andere von dem Vorzuge der Alten vor den Neueren in den schönen Wissenschaften. Der Kurfürst schenkte ihm sein Porträt und eine Schreibtafel, und erbat sich von ihm eine Abschrift seiner noch ungedruckten moralischen Abhandlungen, um sich, wie er ihm sagen ließ, daraus zu belehren. Seiner im Jahre 1768 immer mehr abnehmenden Kräfte wegen schlug er ihm auch vor, alle akademischen Arbeiten aufzugeben, und sich auf dem Lande bey einigen Freunden bloß mit der Vorbereitung zu seinem Ende zu beschäftigen; allein Gellert verwarf diesen Vorschlag aus Eifer für seinen Dienst. In eben diesem Jahre hatten seine Vorlesungen die Wirkung, den Geist der Unruhe zu stillen, der sich gerade damals der akademischen Jugend bemächtigte. Die wiederhohlten Ermahnungen, die er dagegen an seine Zöglinge hielt, verursachten, daß einer den andern alsogleich aus Liebe für seinen Lehrer besänftigte.

Seine Gesundheit nahm indeß immer mehr ab, und an der allgemeinen Bekümmerniß hierüber nahm auch der Kurfürst großen Antheil. Er schickte ihm, da er das von dem Prinzen Heinrich erhaltene Pferd eingebüßt hatte, aus seinem eigenen Stalle ein sicheres mit Sattel und Zeug ausgerüstetes Pferd, um die ihm so nöthige Leibesbewegung fortsetzen zu können; doch sein schon zu sehr entkräfteter Körper konnte auch die leichteste Bewegung nicht mehr ertragen. Diese Entkräftung hinderte ihn auch, der im Jahre 1768 veranstalteten neuen Ausgabe seiner Schriften die erwünschte Verbesserung zu geben. Diese neue Auflage erschien im Jahre 1769 in 5 Theilen mit einer Zueignung an den Kurfürsten, der dieselbe sehr gnädig aufnahm; der sechste und siebente Theil, worin, seinem letzten Willen gemäß, Heyer und Schlegel seine moralischen Vorlesungen bekanut machten, dann der achte und neunte mit seiner Freunde noch ungedruckten Briefen, und der zehnte Theil mit Gellerts Lebensbeschreibung von Cramer erschienen erst nach seinem Tode. Zu Ostern 1769 hielt er abermals eine Vorlesung über die Selbstbeherrschung, und unternahm bald darauf eine Reise über Meißen nach Oberau und endlich nach seinem Geburtsorte Haynichen. Mit tiefer Rührung nahm er Abschied von seiner Vaterstadt. Nach seiner Zurückkunft legte er auf Antrieb seiner Freunde die letzte Hand an seine Vorlesungen über die Moral. Der Tod überraschte ihn bey dieser Arbeit, und er überließ die Herausgabe dieses Werkes seinen Freunden Heyer und Schlegel.

Zu Anfange des Decembers 1769 äußerte sich bey ihm eine hartnäckige Verstopfung, welche die geschicktesten Ärzte nicht zu heben vermochten. Der Kurfürst, dem man dieß alsobald hinterbrachte, schickte sogleich seinen Leibarzt Demiani nach Leipzig, um noch alles zur Erhaltung des ihm so theuern Kranken zu versuchen, und ließ sich alle Tage durch eine eigene Staffette von seinem Befinden benachrichtigen; nichts konnte aber mehr die Entzündung im Unterleibe hemmen. Sein durchaus erschöpfter Körper starb langsam; seine Seele aber erhielt sich in einer beständigen Freudigkeit des Glaubens, und er entschlummerte sanft im Beyseyn seiner Freunde, Wagner und Heyer, um Mitternacht den 13. December.

Die Betrübniß, die sich bey anbrechendem Tage durch die Nachricht seines Todes in Leipzig, und von da alsobald in ganz Deutschland, ausbreitete, war allgemein. Aufrichtigere und häufigere Thränen flossen vielleicht auf kein Grab als das seinige. Er war gewiß sowohl durch seinen Geist als durch sein Herz der denkwürdigste und gemeinnützigste Mann in seiner Sphäre, den das Zeitalter aufweisen konnte. Sein Lob tönte mit einer Art von Enthusiasmus von allen Lippen, und es entstand eine Art Wallfahrten nach seinem Grabe, die endlich sogar der Leipziger Rath untersagen mußte.

Gellert war mittelmäßig von Person, und, wenn er sein sinkendes Haupt auf-

recht hielt, mehr lang als kurz, ansehn-
lich, aber hager. Er hatte eine edle Bil-
bung, eine hohe freye Stirn, beseelte blaue
Augen, eine hohe gebogene Nase und einen
wohlgebildeten Mund, eine ernste halb-
traurige Miene, aus welcher aber immer
seine wohlwollende Seele hindurch schim-
merte. Jeder Augenblick, wo er weniger
litt, der unvermuthete Besuch eines Freundes, eine gelungene edle That verbreitete
ein angenehmes Lächeln über sein Gesicht.
Seine Sprache war deutlich und biegsam,
aber hohl, und näherte sich dem Tone der
Wehmuth, wodurch sie oft so rührend wurde, daß niemand ihrem Eindrucke widerstehen konnte. Fast alle Bildnisse von ihm haben etwas Ähnliches; das hier beygefügte zei-
get den Dichter in seinen letzteren Jahren.

An Wohlthätigkeit hatte Gellert wenige seines Gleichen. Er half mit Freuden,
wenn er manchmal auch selbst das Noth-
wendige mit den Armen theilen mußte.
Die Studirenden hatten in ihrem Mangel eine sichere Zuflucht bey ihm. Er hielt
sogar ein Verzeichniß von denen, die Un-
terstützung bedurften. Er suchte hülflose

Kranke auf, und schickte ihnen Erquickungen und Geld, und war sein eigenes Vermögen nicht hinreichend, so machte er sich's zur Pflicht, Vermögendere um Hülfe anzusprechen. Seine Dienstfertigkeit war so bekannt, daß man ihn von allen Orten zum Vertrauten in vielfältigen Angelegenheiten wählte. Väter befragten ihn, wie sie ihre Söhne erziehen, Mütter, wie sie ihre Töchter bilden, junge Frauenzimmer, was sie für Entschlüsse über Heirathsanträge fassen, Jünglinge, wie sie studiren, Zweifler, wie sie ihren Unglauben bekämpfen, Weltleute, wie sie Versuchungen widerstehen sollten, und Gellert stand einem jeden nach seinem Vermögen mit Unterricht, Rath, Beruhigung, Ermunterung, Belehrung, Trost und Fürbitte bey.

So lebte, so starb dieser edle Mann. Sein Andenken wird unter uns, auch wenn dankbare Menschen ihm in der Johanniskirche in Leipzig und auf ihren Gütern keine Denkmahle errichtet hätten, so lange im Segen bleiben, als man für Tugend und Dichtkunst Gefühl beybehalten wird.

Fr. A. Schrämbl.

Fabeln
und
Erzählungen.
Erste Abtheilung.

Die
Nachtigall und die Lerche.

Die Nachtigall sang einst mit vieler
    Kunst;
Ihr Lied erwarb der ganzen Gegend Gunst;
Die Blätter in den Gipfeln schwiegen,
Und fühlten ein geheim Vergnügen.
Der Vögel Chor vergaß der Ruh,
Und hörte Philomelen zu.
Aurora selbst verzog am Horizonte,
Weil sie die Sängerinn nicht gnug bewun=
    dern konnte;
Denn auch die Götter rührt der Schall
Der angenehmen Nachtigall;
Und ihr, der Göttinn, ihr zu Ehren,
Ließ Philomele sich noch zweymal schöner
    hören.
Sie schweigt darauf. Die Lerche naht sich
    ihr,
Und spricht: Du singst viel reizender als wir:
Dir wird mit Recht der Vorzug zugespro=
    chen.

Doch Eins gefällt uns nicht an dir,
Du singst das ganze Jahr nicht mehr als
    wenig Wochen.

Doch Philomele lacht und spricht:
Dein bittrer Vorwurf kränkt mich nicht,
Und wird mir ewig Ehre bringen.
Ich singe kurze Zeit. Warum? Um schön
    zu singen.
Ich folg' im Singen der Natur;
So lange sie gebeut, so lange sing' ich nur.
So bald sie nicht gebeut, so hör' ich auf
    zu singen;
Denn die Natur läßt sich nicht zwingen.

O Dichter, denkt an Philomelen!
Singt nicht, so lang ihr singen wollt.
Natur und Geist, die euch beseelen,
Sind euch nur wenig Jahre hold.
Soll euer Witz die Welt entzücken,
So singt, so lang ihr feurig seyd,-
Und öffnet euch mit Meisterstücken
Den Eingang in die Ewigkeit.
Singt geistreich der Natur zu Ehren;
Und scheint euch die nicht mehr geneigt,
So eilt, um rühmlich aufzuhören,

Eh ihr zu spät mit Schande schweigt.
Wer, sprecht ihr, will den Dichter zwin=
gen?
Er bindet sich an keine Zeit.
So fahrt denn fort, noch alt zu singen,
Und singt euch um die Ewigkeit.

Der Zeisig.

Ein Zeisig war's und eine Nachtigall,
Die einst zu gleicher Zeit vor Damons Fenster hingen.
Die Nachtigall fing an ihr göttlich Lied zu singen,
Und Damons kleinem Sohn gefiel der süße Schall.
„Ach, welcher singt von beiden doch so schön?
Den Vogel möcht' ich wirklich sehn!"
Der Vater macht ihm diese Freude,
Er nimmt die Vögel gleich herein.
Hier, spricht er, sind sie alle beide;
Doch welcher wird der schöne Sänger seyn?
Getraust du dich, mir das zu sagen?
Der Sohn läßt sich nicht zweymal fragen,
Schnell weist er auf den Zeisig hin:
„Der, spricht er, muß es seyn, so wahr ich ehrlich bin!
Wie schön und gelb ist sein Gefieder!
Drum singt er auch so schöne Lieder;

Dem andern sieht man's gleich an seinen
Federn an,
Daß er nichts Kluges singen kann."

Sagt, ob man im gemeinen Leben
Nicht oft wie dieser Knabe schließt?
Wem Farb' und Kleid ein Ansehn geben,
Der hat Verstand, so dumm er ist.
Stax kömmt, und kaum ist Stax erschienen,
So hält man ihn auch schon für klug.
Warum? Seht nur auf seine Mienen:
Wie vortheilhaft ist jeder Zug!
Ein andrer hat zwar viel Geschicke;
Doch weil die Miene nichts verspricht,
So schließt man bey dem ersten Blicke,
Aus dem Gesicht, aus der Perücke,
Daß ihm Verstand und Witz gebricht.

Der Tanzbär.

Ein Bär, der lange Zeit sein Brot er-
tanzen müssen,
Entrann, und wählte sich den ersten Auf-
enthalt.
Die Bären grüßten ihn mit brüderlichen
Küssen,
Und brummten freudig durch den Wald:
Und wo ein Bär den andern sah,
So hieß es: Petz ist wieder da!
Der Bär erzählte drauf, was er in frem-
den Landen
Für Abenteuer ausgestanden,
Was er gesehn, gehört, gethan;
Und fing, da er vom Tanzen redte,
Als ging er noch an seiner Kette,
Auf polnisch schön zu tanzen an.

Die Brüder, die ihn tanzen sahn,
Bewunderten die Wendung seiner Glieder,
Und gleich versuchten es die Brüder;

Allein anstatt, wie er, zu gehn,
So konnten sie kaum aufrecht stehn,
Und mancher fiel die Länge lang darnieder.
Um desto mehr ließ sich der Tänzer sehn;
Doch seine Kunst verdroß den ganzen Hau=
fen.
Fort, schrieen alle, fort mit dir!
Du Narr, willst klüger seyn als wir?
Man zwang den Petz, davon zu laufen.

Sey nicht geschickt, man wird dich we=
nig hassen,
Weil dir dann jeder ähnlich ist;
Doch je geschickter du vor vielen andern
bist:
Je mehr nimm dich in Acht, dich prah=
lent sehn zu lassen.
Wahr ists, man wird auf kurze Zeit
Von deinen Künsten rümlich sprechen;
Doch traue nicht, bald folgt der Neid,
Und macht aus der Geschicklichkeit
Ein unvergebliches Verbrechen.

Die Geschichte von dem Hute.

Das erste Buch.

Der erste, der mit kluger Hand
Der Männer Schmuck, den Hut, erfand,
Trug seinen Hut unaufgeschlagen;
Die Krempen hingen flach herab;
Und dennoch wußt' er ihn zu tragen,
Daß ihm der Hut ein Ansehn gab.

Er starb, und ließ bey seinem Sterben
Den runden Hut dem nächsten Erben.

Der Erbe weiß den runden Hut
Nicht recht gemächlich anzugreifen;
Er sinnt, und wagt es kurz und gut,
Er wagts, zwo Krempen aufzusteifen.
Drauf läßt er sich dem Volke sehn;
Das Volk bleibt vor Verwundrung stehn,
Und schreyt: Nun läßt der Hut erst schön!
Er starb, und ließ bey seinem Sterben
Den aufgesteiften Hut dem Erben.

Der Erbe nimmt den Hut, und schmählt.
Ich, spricht er, sehe wohl, was fehlt.
Er setzt darauf mit weisem Muthe
Die dritte Krempe zu dem Hute.
O! rief das Volk, der hat Verstand!
Seht, was ein Sterblicher erfand!
Er, er erhöht sein Vaterland!

Er starb, und ließ bey seinem Sterben
Den dreyfach spitzen Hut dem Erben.

Der Hut war freilich nicht mehr rein;
Doch sagt, wie konnt' es anders seyn?
Er ging schon durch die vierten Hände.
Der Erbe färbt ihn schwarz, damit er was
    erfäube.
Beglückter Einfall! rief die Stadt,
So weit sah keiner noch, als der gesehen hat.
Ein weißer Hut ließ lächerlich;
Schwarz, Brüder, schwarz! so schickt es
    sich.

Er starb, und ließ bey seinem Sterben
Den schwarzen Hut dem nächsten Erben.

Der Erbe trägt ihn in sein Haus,
Und sieht, er ist sehr abgetragen;

Er sinnt, und sinnt das Kunststück aus,
Ihn über einen Stock zu schlagen.
Durch heiße Bürsten wird er rein;
Er faßt ihn gar mit Schnüren ein.
Nun geht er aus, und alle schreyen:
Was sehn wir? Sind es Zaubereyen?
Ein neuer Hut! O glücklich Land,
Wo Wahn und Finsterniß verschwinden!
Mehr kann kein Sterblicher erfinden,
Als dieser große Geist erfand.

Er starb, und ließ bey seinem Sterben
Den umgewandten Hut dem Erben.

Erfindung macht die Künstler groß
Und bey der Nachwelt unvergessen;
Der Erbe reißt die Schnüre los,
Umzieht den Hut mit goldnen Tres-
    sen,
Verherrlicht ihn durch einen Knopf,
Und drückt ihn seitwärts auf den Kopf.
Ihn sieht das Volk, und taumelt vor Ver-
    gnügen.
Nun ist die Kunst erst hoch gestiegen!
Ihm, schrie es, ihm allein ist Witz und
    Geist verliehn!
Nichts sind die andern gegen ihn!

Er starb, und ließ bey seinem Sterben
Den eingefaßten Hut dem Erben;
Und jedesmal ward die erfundne Tracht
Im ganzen Lande nachgemacht.

Ende des ersten Buchs.

Was mit dem Hute sich noch ferner zu-
        getragen,
Will ich im zweyten Buche sagen.
Der Erbe ließ ihm nie die vorige Gestalt:
Das Außenwerk ward neu; er selbst, der
        Hut, blieb alt;
Und, daß ich's kurz zusammen zieh',
Es ging dem Hute fast wie der—Philo-
        sophie.

Der Greis.

Von einem Greise will ich singen,
Der neunzig Jahr die Welt gesehn;
Und wird mir itzt kein Lied gelingen,
So wird es ewig nicht geschehn.

Von einem Greise will ich dichten
Und melden, was durch ihn geschah,
Und singen, was ich in Geschichten
Von ihm, von diesem Greise, sah.

Singt, Dichter, mit entbranntem Triebe,
Singt euch berühmt an Lieb' und Wein!
Ich lass' euch allen Wein und Liebe;
Der Greis nur soll mein Loblied seyn.

Singt von Beschützern ganzer Staaten,
Verewigt euch und ihre Müh!
Ich singe nicht von Heldenthaten;
Der Greis sey meine Poesie.

O Ruhm, dring' in der Nachwelt Ohren,
Du Ruhm, den sich mein Greis erwarb!
Hört, Zeiten, hört's! Er ward geboren,
Er lebte, nahm ein Weib, und—starb.

Das Füllen.

Ein Füllen, das die schwere Bürde
Des stolzen Reiters nie gefühlt,
Den blanken Zaum für eine Würde
Der zugerittnen Pferde hielt,
Dieß Füllen lief nach allen Pferden,
Worauf es einen Mann erblickt,
Und wünschte bald ein Roß zu werden,
Das Sattel, Zaum und Reiter schmückt.

Wie selten kennt die Ehrbegierde
Das Glück, das sie zu wünschen pflegt!
Das Reitzeug, die gewünschte Zierde,
Wird diesem Füllen aufgelegt.
Man führt es streichelnd hin und wieder,
Daß es den Zwang gewohnen soll;
Stolz geht das Füllen auf und nieder,
Und stolz gefällt sich's selber wohl.

Es kam mit prächtigen Geberden
Zurück in den verlaßnen Stand,
Und machte wiehernd allen Pferden
Sein neu erhaltnes Glück bekannt.
Ach! sprach es zu dem nächsten Gaule,
Mich lobten alle, die mich sahn;
Ein rother Zaum lief aus dem Maule
Die schwarzen Mähnen stolz hinan.

Allein wie ging's am andern Tage?
Das Füllen kam betrübt zurück,
Und schwitzend sprach es: Welche Plage
Ist nicht mein eingebildet Glück!
Zwar dient der Zaum, mich auszuputzen;
Doch darum ward er nicht gemacht:
Er ist zu meines Reiters Nutzen
Und meiner Sklaverey erdacht.

Was wünscht man sich bey jungen Tagen?
Ein Glück, das in die Augen fällt,
Das Glück, ein prächtig Amt zu tragen,
Das keiner doch zu spät erhält.
Man eilt vergnügt, es zu erreichen;
Und, seiner Freyheit ungetreu,
Eilt man nach stolzen Ehrenzeichen
Und desto tiefrer Sklaverey.

Chloris.

Aus Eifersucht des Lebens satt
Warf Chloris sich betrübt auf ihre Lager=
　　　　statt,
Und ihren Buhler recht zu kränken,
Der einen Blick nach Silvien gethan,
Rief sie die Venus brünstig an,
Ihr einen leichten Tod zu schenken.

Vielleicht war dieß Gebet so eifrig nicht
　　　　gemeint;
Verliebt und jung zu seyn, und um den Tod
　　　　zu flehen:
Wem dieß nicht widersprechend scheint,
Der muß die Liebe schlecht verstehen.

Doch mitten in der größten Pein
Sieht Chloris ihren Freund geputzt ins
　　　　Zimmer treten;
Und plötzlich hört sie auf zu beten,
Und wünscht nicht mehr, entseelt zu seyn,

Er sagt ihr tausend Schmeicheleyen,
Er seufzt, er fleht, er schwört, er küßt.
O Chloris! laß dich's nicht gereuen,
Daß du noch nicht gestorben bist:
Dein Damon schwört, dich ewig treu zu
   lieben,
Wie könntest du ihn doch durch deinen Tod
   betrüben?

Der meisten Schönen Zorn gleicht ihrer
   Zärtlichkeit,
Sie dauern beide kurze Zeit;
Und Chloris ließ sich bald versöhnt von dem
   umfangen,
Den sie vor kurzem noch des Hasses wür=
   dig fand.
Sie klopft ihn auf die braunen Wangen,
Und streichelt ihn mit buhlerischer Hand.

Doch schnell erstarren ihre Hände.
Wie, Venus! Nähert sich ihr Ende?
Sie fällt in sanfter Ohnmacht hin;
Ein kleiner Schnabel wird aus ihrem klei=
   nen Kinn,
Zu Flügeln werden ihre Hände,
Ihr Busen wird mit einem Kropf verbaut,
Und Federn überziehn die Haut.

Ist's möglich, daß ich dieses glaube?
Ja, Chloris wird zu einer Taube.

Wie zittert ihr Geliebter nicht!
Hier sieht er seine Schöne fliegen.
Sie fliegt ihm dreymal ums Gesicht,
Als wollte sie sich noch durch einen Kuß ver=
gnügen.
Wozu sie sonst die Neigung angetrieben,
Das scheint sie auch als Taube noch zu lieben.

Das Putzen war ihr Zeitvertreib.
O seht, wie putzt sie ihren Leib!
Sie rupft die Federn aus, um sich recht
glatt zu machen;
Sie fliegt ans Waschfaß hin, thut, was sie
sonst gethan,
Fängt Hals und Brust zu baden an.

Wie schön hör' ich die Taube lachen!
Fragt nicht, was sie zu lachen macht.
Sie hat, als Chloris, schon oft über nichts
gelacht.

Jtzt naht sie sich dem großen Spiegel,
Vor dem sie manchen Tag in Mienen sich
geübt,

Besieht den weißen Hals, bewundert ihre
    Flügel,
Und fängt schon an, in sich verliebt,
Mit jungferlichem Stolz sich kostbar zu ge=
    berden.
Ach Götter! ruft ihr Freund betrübt,
Laßt diese Taube doch zur Chloris wieder
    werden.

Umsonst, spricht Venus, ist dein Flehn;
Zur Taube schickte sie sich schön,
Und niemals werd' ich ihr die Menschheit
    wieder geben.
Sie hat geseufzt, gebuhlt, gelacht,
Sich stets geputzt, und nie gedacht;
Als Taube kann sie recht nach ihrer Neigung
    leben.

O! wenn sich nur die Göttinn nicht ent=
    schließt,
Die Schönen alle zu verwandeln,
Die eben so, wie Chloris, handeln!—
Man sagt, daß sie es Willens ist.
Ach! Göttinn, ach! wie zahlreich wird auf
    Erden
Alsdann das Volk der Tauben werden!
Mit einer Frau wird man zu Bette gehn,

Und früh auf seiner Brust ein Täubchen
            sitzen sehn.
Mich dauert im voraus manch reizendes
            Gesicht.
O liebe Venus, thu es nicht!

Der Kranke.

Ein Mann, den lange schon die Glie-
   derkrankheit plagte,
That alles, was man ihm nur sagte,
Und konnte doch von seiner Pein
Auf keine Weise sich befreyn.
Ein altes Weib, der er sein Elend klagte,
Schlug ihm geheimnißvoll ein magisch Mit-
   tel vor:
Ihr müßt euch, zischt sie ihm ins Ohr,
Auf eines Frommen Grab bey früher Son-
   ne setzen,
Und euch mit dem gefallnen Thau
Dreymal die Hand, dreymal den Schenkel
   netzen;
Es hilft, gedenkt an eine Frau!

 Der Kranke that, was ihm die Alte sagte;
Denn sagt, was thut man nicht, ein Übel
   los zu seyn?
Er ging zum Kirchhof hin, und zwar, so
   bald es tagte,

Und trat an einen Leichenstein,
Und las: "Wer dieser Mann gewesen,
Läßt, Wandrer, dich sein Grabmahl lesen.
Er war das Wunder seiner Zeit,
Das Muster wahrer Frömmigkeit;
Und daß man viel mit wenig Worten sagt:
Er ist's, den Kirch' und Schul', und Stadt
      und Land beklagt."

  Hier setzt sich der Geplagte nieder,
Benetzt die halb gelähmten Glieder;
Doch ohne Wirkung bleibt die Cur,
Sein Gliederschmerz vermehrt sich nur.
Er greift betrübt nach seinem Stabe,
Schleicht von des frommen Mannes Grabe,
Und setzt sich auf das nächste Grab,
Dem keine Schrift ein Denkmahl gab;
Hier nahm sein Schmerz allmählig ab.
Er braucht sogleich sein Mittel wieder;
Schnell lebten die gelähmten Glieder,
Und, ohne Schmerz und ohne Stab,
Verließ er dieses fromme Grab.
Ach! rief er, läßt kein Stein mich lesen,
Wer dieser fromme Mann gewesen?
Der Küster kam von ungefähr herbey;
Den fragt der Mann, wer hier begraben
      sey.

Der Küster läßt sich lange fragen,
Als könnt' er's ohne Scheu nicht sagen.
Ach! hub er endlich seufzend an,
Verzeih mir's Gott! es war ein Mann,
Dem, weil er Ketzereyen glaubte,
Man kaum ein ehrlich Grab erlaubte;
Ein Mann, der lose Künste trieb,
Komödien und Verse schrieb;
Er war, wie ich mit Recht behaupte,
Ein Neuling und ein Bösewicht.
„Nein! sprach der Mann, das war er
    nicht;
So gottlos ihn die Leute schalten;
Doch jener dort, den ihr für fromm ge-
    halten,
Von dem sein Grab so rühmlich spricht,
Der war gewiß ein Bösewicht."

Der Fuchs und die Elster.

Zur Elster sprach der Fuchs: O! wenn
   ich fragen mag,
Was sprichst du doch den ganzen Tag?
Du sprichst wohl von besondern Dingen?
„Die Wahrheit, rief sie, breit' ich aus.
Was keines weiß heraus zu bringen,
Bring' ich durch meinen Fleiß heraus,
Vom Adler bis zur Fledermaus."

Dürft' ich, versetzt der Fuchs, mit Bit=
   ten dich beschweren,
So wünscht' ich mir, etwas von deiner Kunst
   zu hören.

So, wie ein weiser Arzt, der auf der
   Bühne steht,
Und seine Künste rühmt, bald vor bald
   rückwärts geht,
Sein seidnes Schnupftuch nimmt, sich räus=
   pert, und dann spricht:

So lief die Elster auch den Ast bald auf
bald nieder,
Und strich an einem Zweig den Schnabel
hin und wieder,
Und macht' ein sehr gelehrt Gesicht.
Drauf fängt sie ernsthaft an, und spricht:
„Ich diene gern mit meinen Gaben;
Denn ich behalte nichts für mich.
Nicht wahr; Sie denken doch, daß Sie
vier Füße haben?
Allein, Herr Fuchs, Sie irren sich.
Nur zugehört! Sie werden's finden;
Denn ich beweis' es gleich mit Gründen."

„Ihr Fuß bewegt sich, wenn er geht,
Und er bewegt sich nicht, so lang er stille
steht;
Doch merken Sie, was ich itzt sagen werde;
Denn dieses ist es noch nicht ganz.
So oft Ihr Fuß nur geht, so geht er auf
der Erde.
Betrachten Sie nun ihren Schwanz.
Sie sehen, wenn ihr Fuß sich reget,
Daß auch ihr Schwanz sich mit beweget;
Itzt ist ihr Fuß bald hier bald dort,
Und so geht auch ihr Schwanz mit auf der
Erde fort,

So oft Sie nach den Hühnern reisen.
Daraus zieh' ich nunmehr den Schluß,
Ihr Schwanz, das sey ihr fünfter Fuß:
Und dieß, Herr Fuchs, war zu beweisen."

Ja, dieses hat uns noch gefehlt;
Wie freu' ich mich, daß es bey Thieren
Auch große Geister gibt, die alles demon=
   striren!
Mir hat's der Fuchs für ganz gewiß er=
   zählt.
Je minder sie verstehn, sprach dieses schlaue
   Vieh,
Um besto mehr beweisen sie.

Das

Land der Hinkenden.

Vor Zeiten gab's ein kleines Land,
Worin man keinen Menschen fand,
Der nicht gestottert, wenn er redte,
Nicht, wenn er ging, gehinket hätte;
Denn beides hielt man für galant.
Ein Fremder sah den Übelstand.
Hier, dacht' er, wird man dich im Gehn
    bewundern müssen,
Und ging einher mit steifen Füßen.
Er ging, ein jeder sah ihn an,
Und alle lachten, die ihn sahn,
Und jeder blieb vor Lachen stehen,
Und schrie: Lehrt doch den Fremden gehen!

Der Fremde hielt's für seine Pflicht,
Den Vorwurf von sich abzulehnen.
Ihr, rief er, hinkt; ich aber nicht:
Den Gang müßt ihr euch abgewöhnen!
Der Lermen wird noch mehr vermehrt,
Da man den Fremden sprechen hört.

Er stammelt nicht: genug zur Schande;
Man spottet sein im ganzen Lande.

Gewohnheit macht den Fehler schön,
Den wir von Jugend auf gesehn.
Vergebens wird's ein Kluger wagen,
Und, daß wir thöricht sind, uns sagen:
Wir selber halten ihn dafür,
Bloß, weil er klüger ist als wir.

Inkle und Yariko.

Die Liebe zum Gewinnst, die uns zu-
erst gelehrt,
Wie man auf leichtem Holz durch wilde
Fluten fährt;
Die uns beherzt gemacht, das liebste Gut,
das Leben,
Der ungewissen See auf Bretern Preis zu
geben:
Die Liebe zum Gewinnst, der deutliche
Begriff
Von Vortheil und Verlust, trieb Inklen
auf ein Schiff.
Er opferte der See die Kräfte seiner Jugend;
Denn Handeln war sein Witz und Rech-
nen seine Tugend.

Ihn lockt das reiche Land, das wir durchs
Schwert belehrt,
Das wir das Christenthum und unsern
Geiz gelehrt.

Er sieht Amerika; doch nah an diesem
    Lande
Zerreißt der Sturm sein Schiff. Zwar
    glückt es ihm am Strande
Dem Tode zu entgehn; allein der Wilden
    Schär
Fiel auf die Britten los, und wer entkom-
    men war,
Den fraß ihr hungrig Schwert. Nur In-
    kle soll noch leben;
Die Flucht in einen Wald muß ihm Be-
    schirmung geben.
Vom Laufen athemlos, wirft, mit verwirr-
    tem Sinn,
Der Britte sich zuletzt bey einem Baume
    hin,
Umringt mit naher Furcht und ungewissem
    Grämen,
Ob Hunger oder Schwert ihm wird das
    Leben nehmen.

Ein plötzliches Geräusch erschreckt sein
    schüchtern Ohr.
Ein wildes Mädchen springt aus dem Ge-
    büsch hervor,
Und sicht mit schnellem Blick den Euro-
    päer liegen.

Sie stutzt. Was wird sie thun? Bestürzt
    zurücke fliegen?
O nein! so streng und deutsch sind wilde
    Schönen nicht.
Sie sieht den Fremdling an; sein rund und
    weiß Gesicht,
Sein Kleid, sein lockicht Haar, die Anmuth seiner Blicke
Gefällt der Schönen wohl, hält sie mit
    Lust zurücke.

Auch Inklen nimmt dieß Kind bey wilder Anmuth ein.
Unwissend in der Kunst, durch Zwang
    verstellt zu seyn,
Verräth sie durch den Blick die Regung ihrer Triebe;
Ihr Auge sprach von Gunst, und bat um
    Gegenliebe.
Die Indianerinn war liebenswerth gebaut.
Durch Mienen redt dieß Paar, durch Mienen wird's vertraut.
Sie winkt ihm mit der Hand, er folget ihrem Schritte;
Mit Früchten speist sie ihn in einer kleinen Hütte,

Und zeigt ihm einen Quell, vom Durst sich
    zu befreyn.
Durch Lächeln räth sie ihm, getrost und
    froh zu seyn.
Sie sah ihn zehnmal an, und spielt an
    seinen Haaren,
Und schien verwundernsvoll, daß sie so lo-
    kicht waren.

So oft der Morgen kömmt, so macht
    Pariko
Durch neuen Unterhalt den lieben Fremb-
    ling froh,
Und zeigt durch Zärtlichkeit, mit jedem
    neuen Tage,
Was für ein treues Herz in einer Wilden
    schlage.
Sie bringt ihm manch Geschenk, und
    schmückt sein kleines Haus.
Mit mancher bunten Haut, mit bunten
    Federn aus;
Und eine neue Tracht von schönen Muschel-
    schalen
Muß, wenn sie ihn besucht, um ihre
    Schultern prahlen.

Zur Nachtzeit führt sie ihn zu einem Was-
 serfall,
Und unter dem Geräusch und Philomelens
 Schall
Schläft unser Fremdling ein. Aus zärt-
 lichem Erbarmen
Bewacht sie jede Nacht den Freund in ih-
 ren Armen.
Wird in Europa wohl ein Herz so edel seyn?

Die Liebe flößt dem Paar bald eine
 Mundart ein.
Sie unterreden sich durch selbst erfundne
 Töne:
Kurz, er versteht sein Kind, und ihn ver-
 steht die Schöne.
Oft sagt ihr Inkle vor, was seine Vater-
 stadt
Für süße Lebensart, für Kostbarkeiten hat.
Er wünscht, sie neben sich in London einst
 zu sehen;
Sie hört's, und zürnet schon, daß es noch
 nicht geschehen.
Dort, spricht er, kleid' ich dich, und zei-
 get auf sein Kleid,

In lauter bunten Zeug, von größrer Kost=
    barkeit;
In Häusern, halb von Glas, bespannt mit
    raschen Pferden,
Sollst du in dieser Stadt bequem getragen
    werden.

Vor Freuden weint dieß Kind, und sieht,
    indem sie weint,
Schon nach der offnen See, ob noch kein
    Schiff erscheint.
Es glückt ihr, was sie wünscht, in kurzem
    zu entdecken;
Sie sieht ein Schiff am Strand, und läuft
    mit frohem Schrecken,
Sucht ihren Frembling auf, vergißt ihr
    Vaterland,
Aus Treue gegen ihn, und eilt, an seiner
    Hand,
So freudig in die See, als ob das Schiff
    im Meere,
In das sie steigen will, ein Haus in Lon=
    don wäre.

Das Schiff setzt seinen Lauf mit gutem
    Winde fort;

Und fliegt nach Barbados *; doch dieses
war der Ort,
Wo Inkle ganz bestürzt sein Schicksal über=
dachte,
Als schnell in seiner Brust der Kaufmanns=
geist erwachte.
Er kam mit leerer Hand aus Indien zu=
rück;
Dieß war für seinen Geiz ein trauriges
Geschick.
So hab' ich, fing er an, um arm zurück
zu kommen,
Die fürchterliche See, mit Müh und Angst,
durchschwommen?
Er stillt in kurzer Zeit den Hunger nach
Gewinn,
Und führt Yariko zum Sklavenhändler hin.
Hier wird die Dankbarkeit in Tyranney ver=
wandelt,
Und die, die ihn erhielt, zur Sklaverey
verhandelt.

* Barbados ist eine von den caraibischen Inseln,
welche den Engländern zugehöret. Es wird ein
großer Sklavenhandel daselbst getrieben.

Sie fällt ihm um den Hals, sie fällt
   vor ihm aufs Knie,
Sie fleht, sie weint, sie schreyt. Nichts!
   er verkaufet sie.
Mich, die ich schwanger bin, mich! fährt
   sie fort zu klagen.
Bewegt ihn dieß? Ach ja! Sie höher an=
   zuschlagen.
Noch drey Pfund Sterling mehr! Hier,
   spricht der Britte froh,
Hier, Kaufmann, ist das Weib; sie heißt
   Yariko!

O Inkle! du Barbar, dem keiner gleich
   gewesen,
O möchte deinen Schimpf ein jeder Welt=
   theil lesen!
Die größte Redlichkeit, die allergrößte
   Treu
Belohnst du, Bösewicht, noch gar mit
   Sklaverey?
Ein Mädchen, das für dich ihr eigen Le=
   ben wagte,
Das dich dem Tod entriß, und ihrem Volk
   entsagte,

Mit dir das Meer durchstrich, und, bey
    der Glieder Reiz,
Das beste Herz besaß, verhandelst du aus
    Geiz?
Sey stolz! Kein Bösewicht bringt dich um
    deinen Namen;
Nie wird es möglich seyn, dein Laster
    nachzuahmen.

Der Kukuk.

Der Kukuk sprach mit einem Stahr,
Der aus der Stadt entflohen war.
Was spricht man, fing er an zu schreyen,
Was spricht man in der Stadt von unsern
    Melodeyen?
Was spricht man von der Nachtigall?
„Die ganze Stadt lobt ihre Lieder."
Und von der Lerche? rief er wieder.
„Die halbe Stadt lobt ihrer Stimme
    Schall."
Und von der Amsel? fuhr er fort.
„Auch diese lobt man hier und dort."
Ich muß dich doch noch etwas fragen:
Was, rief er, spricht man denn von mir?
„Das, sprach der Stahr, das weiß ich
    nicht zu sagen;
Denn keine Seele redt von dir."
So will ich, fuhr er fort, mich an dem
    Undank rächen,
Und ewig von mir selber sprechen.

Das Gespenst.

Ein Hauswirth, wie man mir erzählt,
Ward lange Zeit durch ein Gespenst ge-
        quält.
Er ließ, des Geists sich zu erwehren,
Sich heimlich das Verbannen lehren;
Doch kraftlos blieb der Zauberspruch.
Der Geist entsetzte sich vor keinen Charak-
        teren,
Und gab, in einem weißen Tuch,
Ihm alle Nächte den Besuch.

Ein Dichter zog in dieses Haus.
Der Wirth, der bey der Nacht nicht gern
        allein gewesen,
Bat sich des Dichters Zuspruch aus,
Und ließ sich seine Verse lesen.
Der Dichter las ein frostig Trauerspiel,
Das, wo nicht seinem Wirth, doch ihm
        sehr wohl gefiel.

Der Geist, den nur der Wirth, doch
  nicht der Dichter sah,
Erschien, und hörte zu; es fing ihn an
  zu schauern;
Er konnt' es länger nicht als einen Auf-
  tritt dauern;
Denn eh der andre kam, so war er nicht
  mehr da.

Der Wirth, von Hoffnung eingenom-
  men,
Ließ gleich die andre Nacht den Dichter
  wieder kommen.
Der Dichter las; der Geist erschien;
Doch ohne lange zu verziehn.
Gut! sprach der Wirth bey sich, dich will
  ich bald verjagen;
Kannst du die Verse nicht vertragen?

Die dritte Nacht blieb unser Wirth al-
  lein.
So bald es zwölfe schlug, ließ das Ge-
  spenst sich blicken.
Johann! fing drauf der Wirth gewaltig
  an zu schreyn,
Der Dichter, lauft geschwind! soll von der
  Güte seyn,

Und mir sein Trauerspiel auf eine Stunde
schicken.
Der Geist erschrak, und winkte mit der
Hand,
Der Diener sollte ja nicht gehen.
Und kurz, der weiße Geist verschwand,
Und ließ sich niemals wieder sehen.

Ein jeder, der dieß Wunder liest,
Zieh sich daraus die gute Lehre,
Daß kein Gedicht so elend ist,
Das nicht zu etwas nützlich wäre;
Und wenn sich ein Gespenst vor schlechten
Versen scheut,
So kann uns dieß zum großen Troste die-
nen:
Gesetzt, daß sie zu unsrer Zeit
Auch legionenweis erschienen,
So wird, um sich von allen zu befreyn,
An Versen doch kein Mangel seyn.

Der Selbstmord.

O Jüngling, lern' aus der Geschichte,
Die dich vielleicht zu Thränen zwingt,
Was für bejammernswerthe Früchte
Die Liebe zu den Schönen bringt!

Ein Beyspiel wohlgezogner Jugend,
Des alten Vaters Trost und Stab,
Ein Jüngling, der durch frühe Tugend
Zur größten Hoffnung Anlaß gab;

Den zwang die Macht der schönen Triebe,
Climenen zärtlich nachzugehn.
Er seufzt', er bat um Gegenliebe;
Allein vergebens war sein Flehn.

Fußfällig klagt er ihr sein Leiden.
Umsonst! Climene heißt ihn fliehn.
Ja, schreyt er, ja ich will dich meiden;
Ich will mich ewig dir entziehn!

Er reißt den Degen aus der Scheide,
Und—o was kann verwegner seyn!
Kurz, er besieht die Spitz' und Schneide,
Und steckt ihn langsam wieder ein.

Die Betschwester.

Die frömmste Frau in unsrer Stadt,
In Kleidern fromm und fromm in Mie=
nen,
Die stets den Mund voll Andacht hat,
Wird diese nicht ein Lied verdienen?

Wie lehrreich ist ihr Lebenslauf!
Kaum steht die fromme Frau von ihrem
Lager auf,
Kaum tönt der Klang vom achten Stun=
denschlage;
So sucht sie das Gebet zu dem vorhand=
nen Tage;
Und ob sie gleich den Schritt in sechzig
schon gethan,
So ruft sie doch den Herrn noch heut um
Keuschheit an;
Und ob sie gleich noch nie sich satt gegessen,
So fleht sie doch um Mäßigkeit im Essen;

Und ob sie gleich auf alle Pfänder leiht,
So seufzt sie doch um Trost bey ihrer
Dürftigkeit.

Welch redlich Herz! Welch heiliges Ver-
trauen!
Sie liest das Jahr hindurch die Bibel
zweymal aus,
Und reißt dadurch ihr ganzes Haus
Auf ewig aus des Teufels Klauen.

Zwölf Lieder stimmt sie täglich an.
Wer kömmt? Ist's nicht ein armer Mann?
Geh, Frecher, willst du sie vielleicht im
Singen stören?
Nein, wenn sie singt, kann sie nicht hören.
Geh nur, und hungre wie zuvor!
Sie hebt ihr Herz zu Gott empor;
Soll sie dieß Herz vom Himmel lenken
Und itzt an einen Armen denken?

Sie singt, und trägt das Essen singend
auf.
Sie ißt, und schmäht auf böser Zeiten Lauf:
Allein wer klopft schon wieder an die Thüre?
Ein armes Weib, die keinen Bissen Brot...
„Geht, quält mich nicht mit eurer Noth,

Wenn ich die Hand zum Munde führe.
Nicht wahr, ihr singt und betet nicht?
Seyd fromm, und denkt an eure Pflicht:
Der Herr vergißt die Seinen nicht.
Wenn seht ihr mich denn betteln gehen?
Allein, man muß zu Gott auch brünstig
        schreyn und flehen!"

   Doch ist die liebe fromme Frau
Nicht gar zu hart, nicht zu genau?
Wohnt nicht in ihr mehr Kaltsinn als Er=
        barmen?
Nein, nein! Sie dient und hilft den Armen;
Sie bessert sie durch Vorwurf und Ver=
        weis,
Und weist sie zu Gebet und Fleiß;
Ist dieses nicht der Schrift Geheiß?
Sie dient ja gern mit ihren Gütern,
Allein nur redlichen Gemüthern.
Ist wohl ein frommes Weib in unsrer gan=
        zen Stadt,
Das, in der Noth, bey ihr nicht Zuflucht
        hat?
Sie mag ihr auch die kleinste Zeitung
        bringen,
So eilt sie doch, dem Weibe beyzuspring=
        gen.

Ach ja! Beatens Herz ist willig und bereit,
Die Welt mag noch so viel an ihr zu ta=
    deln finden.
Nicht nur den Lebenden nützt ihre Mil=
    digkeit;
O nein! Sie weiß sich auch die Todten zu
    verbinden.
Wenn wird ein Kind zur Gruft gebracht,
Um dessen Sarg ihr Kranz sich nicht ver=
    dient gemacht?
Wenn sprechen nicht die Leichengäste:
Beatens Kranz war doch der beste!
Welch schönes Crucifix! von wem wird
    dieses seyn?
Beate schickt's, und will's dem Leichnam
    weihn.
Das fromme Weib! erlebt sie mein Er=
    blassen,
So wird sie meinen Sarg gewiß versilbern
    lassen.

Sie kleidet Kanzel und Altar,
Und wird sie künftig's neue Jahr,
So sehr die Andern sie beneiden,
Zum drittenmale doch bekleiden;
Man wirft ihr vor, sie soll's aus Ehr=
    sucht thun.

25.

Noch kann ihr mildes Herz nicht ruhn:
Wer war's, der itzt in die Collecte
Mit langsam schlauer Hand ein volles
    Briefchen steckte?
Beate war's, sie leiht dem Herrn,
Und was sie gibt, das gibt sie gern.
Was kann denn sie dafür, daß es die Leute
    sehen?

Beate! laß die Lästrer schmähen,
Und laß sie aus Verleumdung sprechen:
Du wollst die Allmacht nur bestechen,
Daß für den Wucher, den du treibst,
Du einstens ungestrafet bleibst.
Laß dich von Andern spöttisch richten,
Als pflegtest du der Welt gern Laster an=
    zudichten;
Als wäre dieß für dich die liebste Neuig=
    keit,
Wenn Andern Noth und Unglück dräut;
Als hättest du nichts als der Tugend
    Schein.
Schweigt, Spötter, schweigt! dieß kann
    nicht seyn;
Denn betend steht sie auf, und singend
    schläft sie ein.

Der
Blinde und der Lahme.

Von ungefähr muß einen Blinden
Ein Lahmer auf der Straße finden,
Und jener hofft schon freudenvoll,
Daß ihn der Andre leiten soll.

   Dir, spricht der Lahme, beyzustehen?
Ich armer Mann kann selbst nicht gehen;
Doch scheint's, daß du zu einer Last
Noch sehr gesunde Schultern hast.

   Entschließe dich, mich fortzutragen,
So will ich dir die Stege sagen,
So wird dein starker Fuß mein Bein,
Mein helles Auge deines seyn.

   Der Lahme hängt mit seinen Krücken
Sich auf des Blinden breiten Rücken.
Vereint wirkt also dieses Paar,
Was einzeln keinem möglich war.

Du haſt das nicht, was Andre haben,
Und Andern mangeln deine Gaben;
Aus dieſer Unvollkommenheit
Entſpringet die Geſelligkeit.

Wenn jenem nicht die Gabe fehlte,
Die die Natur für mich erwählte;
So würd' er nur für ſich allein
Und nicht für mich bekümmert ſeyn.

Beſchwer' die Götter nicht mit Klagen!
Der Vortheil, den ſie dir verſagen,
Und jenem ſchenken, wird gemein:
Wir dürfen nur geſellig ſeyn.

Der Hund.

Phylax, der so manche Nacht
Haus und Hof getreu bewacht,
Und oft ganzen Diebesbanden
Durch sein Bellen widerstanden;
Phylax, dem Lips Tullian,
Der doch gut zu stehlen wußte,
Selber zweymal weichen mußte:
Diesen fiel ein Fieber an.

Alle Nachbarn gaben Rath.
Krummholzöl und Mithridat
Mußte sich der Hund bequemen,
Wider Willen einzunehmen.
Selbst des Nachbar Gastwirths Müh,
Der vordem in fremden Landen
Als ein Doctor ausgestanden,
War vergebens bey dem Vieh.

Kaum erscholl die schlimme Post,
Als von ihrer Mittagskost
Alle Brüder und Bekannten,
Phylax zu besuchen, rannten.
Pantelon, sein bester Freund,
Leckt ihm an dem heißen Munde.
O! erseufzt er, bittre Stunde!
O! wer hätte das gemeint?

Ach! rief Phylax, Pantelon!
Ist's nicht wahr, ich sterbe schon?
Hätt' ich nur nichts eingenommen,
Wär' ich wohl davon gekommen.
Sterb' ich Ärmster so geschwind,
O! so kanust du sicher schreyen,
Daß die vielen Arzeneyen
Meines Todes Quelle sind.

Wie zufrieden schlief' ich ein,
Sollt' ich nur so manches Bein,
Das ich mir verscharren müssen,
Vor dem Tobe noch genießen!
Dieses macht mich kummervoll,
Daß ich diesen Schatz vergessen,
Nicht vor meinem Ende fressen,
Auch nicht mit mir nehmen soll.

Liebst du mich, und bist du treu,
O! so hole sie herbey;
Eines wirst du bey den Linden
An dem Gartenthore finden;
Eines, lieber Pantelon!
Hab' ich nur noch gestern Morgen
In dem Winterreiß verborgen;
Aber friß mir nichts davon.

Pantelon war fortgerannt,
Brachte treulich, was er fand.
Phylax roch, bey schwachem Muthe,
Noch den Dunst von seinem Gute;
Endlich, da sein Auge bricht,
Spricht er: Laß mir alles liegen!
Sterb' ich, so sollst du es kriegen;
Aber, Bruder, eher nicht.

Sollt' ich nur so glücklich seyn,
Und das schöne Schinkenbein,
Das ich—doch ich mag's nicht sagen,
Wo ich dieses hingetragen.
Werd' ich wiederum gesund,
Will ich dir, bey meinem Leben,
Auch die beste Hälfte geben;
Ja, du sollst.... Hier starb der Hund.

Der Geizhals bleibt im Tode karg:
Zween Blicke wirft er auf den Sarg,
Und tausend wirft er mit Entsetzen
Nach den mit Angst verwahrten Schätzen.
O schwere Last der Eitelkeit!
Um schlecht zu leben, schwer zu sterben,
Sucht man sich Güter zu erwerben:
Verdient ein solches Glück wohl Neid?

Der Prozeß.

Ja, ja, Prozesse müssen seyn!
Gesetzt, sie wären nicht auf Erden,
Wie kannt' alsdann das Mein und Dein
Bestimmet und entschieden werden?
Das Streiten lehrt uns die Natur;
Drum, Bruder, recht' und streite nur.
Du siehst, man will dich übertäuben;
Doch gib nicht nach, setz' alles auf,
Und laß dem Handel seinen Lauf;
Denn Recht muß doch Recht bleiben.

Was sprecht ihr, Nachbar? Dieser Rain,
Der sollte, meint ihr, euer seyn?
Nein, er gehört zu meinen Hufen.

„Nicht doch, Gevatter! nicht, ihr irrt;
Ich will euch zwanzig Zeugen rufen,
Von denen jeder sagen wird,
Daß lange vor der Schwedenzeit..."

Gevatter, ihr seyd nicht gescheit!
Versteht ihr mich? Ich will's euch lehren,
Daß Rein und Gras mir zugehören.
Ich will nicht eher sanfte ruhn;
Das Recht, das soll den Ausspruch thun.
So saget Kunz, schlägt in die Hand,
Und rückt den spitzen Hut die Quere.
„Ja, eh ich diesen Rein entbehre,
So meid' ich lieber Gut und Land."
Der Zorn bringt ihn zu schnellen Schrit-
    ten;
Er eilet nach der nahen Stadt;
Allein, Herr Glimpf, sein Advocat,
War kurz zuvor ins Amt geritten.
Er läuft, und holt Herr Glimpfen ein.
Wie, sprecht ihr, kann das möglich seyn?
Kunz war zu Fuß und Glimpf zu Pferde.
So glaubt ihr, daß ich lügen werde?
Ich bitt' euch, stellt das Reden ein;
Sonst werd' ich, diesen Schimpf zu rächen,
Gleich selber mit Herr Glimpfen sprechen.

Ich sag' es noch einmal, Kunz holt Herr
    Glimpfen ein,
Greift in den Zaum, und grüßt Herr
    Glimpfen.
Herr! fängt er ganz erbittert an,

Mein Nachbar, der infame Mann,
Der Schelm, ich will ihn zwar nicht
    schimpfen:
Der, denkt nur! spricht, der schmale Rein,
Der zwischen unsern Feldern lieget,
Der, spricht der Narr, der wäre sein;
Allein den will ich sehn, der mich darum
    betrüget.
Herr, fuhr er fort, Herr, meine beste
    Kuh,
Sechs Scheffel Haber noch dazu!
(Hier wieherte das Pferd vor Freuden.)
O! dient mir wider ihn, und helft die Sach'
    entscheiden.

Kein Mensch, versetzt Herr Glimpf,
    dient freudiger als ich.
Der Nachbar hat nichts einzuwenden.
Ihr habt das größte Recht in Händen:
Aus euren Reden zeigt es sich.
Genug, verklagt den Ungestümen!
Ich will mich zwar nicht selber rühmen,
Dieß thut kein ehrlicher Jurist;
Doch dieses könnt ihr leicht erfahren,
Ob ein Prozeß, seit zwanzig Jahren,
Von mir verloren worden ist.
Ich will euch eure Sache führen,

Ein Wort, ein Mann! ihr sollt sie nicht
 verlieren.
Glimpf reitet fort. Herr! ruft ihm Kunz
 noch nach,
Ich halte, was ich euch versprach.

Wie hitzig wird der Streit getrieben!
Manch Ries Papier wird vollgeschrieben;
Das halbe Dorf muß in das Amt;
Man eilt, die Zeugen abzuhören,
Und fünf und zwanzig müssen schwören,
Und diese schwören insgesammt,
Daß, wie die alte Nachricht lehrte,
Der Rein ihm gar nicht zugehörte.

Ey, Kunz, das Ding geht ziemlich
 schlecht;
Ich weiß zwar wenig von dem Rechte;
Doch, im Vertraun geredt, ich dächte,
Du hättest nicht das größte Recht.

Manch widrig Urtheil kömmt; doch laßt
 es widrig klingen!
Glimpf muntert den Clienten auf:
„Laßt dem Prozeße seinen Lauf,
Ich schwör' euch; endlich durchzubringen;
Doch...."

Herr, ich hör' es schon; ich will
das Geld gleich bringen.
Kunz borgt manch Capital. Fünf Jahre
währt der Streit;
Allein, warum so lange Zeit?
Dieß, Leser, kann ich dir nicht sagen,
Du mußt die Rechtsgelehrten fragen.

Ein letztes Urtheil kömmt. O seht doch,
Kunz gewinnt!
Er hat zwar viel dabey gelitten;
Allein was thut's, daß Haus und Hof ver=
stritten,
Und Haus und Hof schon angeschlagen sind?
Genug, daß er den Rein gewinnt.
O! ruft er, lernt von mir, den Streit
aufs höchste treiben;
Ihr seht ja, Recht muß doch Recht bleiben!

Der Bettler.

Ein Bettler kam mit bloßem Degen
In eines reichen Mannes Haus,
Und bat sich, wie die Bettler pflegen,
Nur eine kleine Wohlthat aus.
Ich, sprach er, kenn' ihr christlich Herze;
Sie sorgen gern für Andrer Heil,
Und nehmen mit gerechtem Schmerze
An ihres Nächsten Elend Theil.
Ich weiß, mein Flehn wird sie bewegen;
Sie sehn, ich fordre nichts mit Unbeschei-
  denheit;
Nein, ich verlasse mich (hier wies er ihm
  den Degen)
Allein auf ihre Gütigkeit.

Dieß ist die Art lobgieriger Scribenten,
Wenn sie um unsern Beyfall flehn;
Sie geben uns mit vielen Complimenten
Die harte Fordrung zu verstehn.

Der Autor will den Beyfall nicht erpressen:
Nein, er verläßt sich bloß auf unsre Bil=
	ligkeit;
Doch daß wir diese nicht vergessen,
So zeigt er uns zu gleicher Zeit
In beiden Händen Krieg und Streit.

Das

Pferd und die Bremse.

Ein Gaul, der Schmuck von weißen
    Pferden,
Von Schenkeln leicht, schön von Gestalt,
Und, wie ein Mensch, stolz in Geberden,
Trug seinen Herrn durch einen Wald,
Als mitten in dem stolzen Gange
Ihm eine Bremf' entgegen zog,
Und durstig auf die nasse Stange
An seinem blanken Zaume flog.
Sie leckte von dem heißen Schaume,
Der heeficht am Gebisse floß.
Geschmeiße! sprach das wilde Roß,
Du scheust dich nicht vor meinem Zaume?
Wo bleibt die Ehrfurcht gegen mich?
Wie? darfst du wohl ein Pferd erbittern?
Ich schüttle nur, so mußt du zittern.
Es schüttelte; die Bremse wich.

Allein sie suchte sich zu rächen;
Sie flog ihm nach, um ihn zu stechen,

Und stach den Schimmel in das Maul.
Das Pferd erschrak, und blieb vor Schrecken
In Wurzeln mit den Eisen stecken,
Und brach ein Bein; hier lag der stolze Gaul.

Auf sich den Haß der Niedern laden,
Dieß stürzet oft den größten Mann.
Wer dir, als Freund, nicht nützen kann,
Kann allemal, als Feind, dir schaden.

Die Reise.

Einst machte, durch sein ganzes Land,
Ein König den Befehl bekannt,
Daß jeder, der ein Amt erhalten wollte,
Gewisse Zeit auf Reisen gehen sollte,
Um sich in Künsten umzusehn.
Er ließ genaue Karten stechen,
Und gab dazu noch jedem das Versprechen,
Ihm, würd' er nur, so weit er könnte,
    gehn,
Mit dem Vermögen seiner Schätze
Alsdann auf Reisen beyzustehn.
Es war das deutlichste Gesetze,
Das jemals noch die Welt gesehn;
Doch weil die meisten sich vor dieser Reise
    scheuten,
So sah man viele Dunkelheit.
Die Liebe zu sich selbst und zur Bequem=
    lichkeit
Half das Gesetz sehr sinnreich deuten,
Und jeder gab ihm den Verstand,

Den er bequem für seine Neigung fand;
Doch alle waren eins, daß man gehorchen
müßte.

Man machte sich die Karten bald bekannt,
Damit man doch der Länder Gegend wüßte.
Sehr viele reisten nur im Geist,
Und überredten sich, als hätten sie gereist.
Noch andre schafften das Geräthe
Zu ihrer Reise fleißig an,
Und glaubten, wenn man nur stets reise-
fertig thäte,
So hätte man die Reise schon gethan.
Sehr viele fingen an zu eilen,
Als wollten sie die ganze Welt durchgehn;
Sie reisten, aber wenig Meilen,
Und meinten, dem Befehl sey nun genug
geschehn.
Noch andre suchten auf den Reisen
Noch mehr Gehorsam zu beweisen
Als den, den das Gesetz befahl:
Sie reisten nicht durch grüne Felder,
O nein! sie suchten finstre Wälder,
Und reisten unter Furcht und Qual;
Behängten sich mit schweren Bürden,
Und glaubten, wenn sie ausgezehrt
Und siech und krank zurücke kommen würden,

So wären sie des besten Amtes werth;
Sie reisten nie auf Kosten des Regenten;
Doch jene, die zur Zeit noch keinen Schritt gethan,
Die hielten Tag für Tag um Reisekosten an,
Damit sie weiter kommen könnten.

Wie elend, hör' ich manchen klagen,
Ist nicht dieß Mährchen ausgedacht!
Schämt sich der Dichter nicht, uns Dinge
   vorzusagen,
Die man kaum Kindern glaublich macht?
Wo gibt es wohl so stumpfe Köpfe,
Als uns der Dichter vorgestellt?
Dieß sind unsinnige Geschöpfe
Und nicht Bewohner unsrer Welt.
O Freund! was zankst du mit dem Dichter?
Sieh doch die meisten Christen an;
Betrachte sie, und dann sey Richter,
Ob dieses Bild unglaublich heißen kann.

Das Testament.

Philemon, der bey großen Schätzen
Ein edelmüthig Herz besaß,
Und, Andrer Mangel zu ersetzen,
Den eignen Vortheil gern vergaß;
Philemon konnte doch dem Neide nicht ent=
  gehen,
So willig er auch war, den Neidern bey=
  zustehen.
Zween Nachbarn haßten ihn, zween Nach=
  barn ruhten nie,
Aufs schimpflichste von ihm zu sprechen.
Warum? Er war beglückt, und glücklicher
  als sie;
Ist dieß nicht schon ein groß Verbrechen?
Die Freunde riethen ihm, sich für den
  Schimpf zu rächen.
Nein, sprach er, laßt sie neidisch schmähn,
Sie werden schon nach meinem Tode sehn,
Wie viel sie Recht gehabt, ein Glück mir
  nicht zu gönnen,
Das wenig Menschen nützen können.

Er stirbt. Man findt sein Testament,
Und liest: Ich will, daß einst, nach mei=
　　　nem Sterben,
Mein hinterlaßnes Gut die beiden Nach=
　　　barn erben,
Weil Sie dieß Gut mir nicht gegönnt.
So mancher Freund verwünscht dieß Te=
　　　stament.
„Wie? konnt' ich ihn nicht auch beneiden?
Mir gibt er nichts und alles diesen beiden?"

Die beiden Nachbarn sehn vergnügt
Den Sinn des Testaments vollführen;
Denn damals wußte man nicht recht zu
　　　prozessiren,
Sonst hätten beide nichts gekriegt;
So aber kriegten sie das völlige Vermögen.
Wie rühmten sie den Sel'gen nicht!
Er war die Großmuth selbst, er war der
　　　Zeiten Licht,
Und alles dieß des Testamentes wegen;
Denn eh er starb, war er's noch nicht.

Sind unsre Nachbarn nun beglückt?
Vielleicht. Wir wollen Achtung geben.
Der eine Nachbar weiht entzückt
Dem reichen Kasten Ruh und Leben.

Er hütet ihn mit karger Hand,
Und wacht, wenn Andre schnarchend lie-
　　　gen,
Und wünscht mit Thränen sich Verstand,
Die schlauen Diebe zu betrügen;
Springt oft, durch böse Träum' erschreckt,
Als ob man ihn bestohlen hätte,
Mit schnellen Füßen aus dem Bette,
Und sucht den Ort, wo er den Schatz ver-
　　　steckt.
Er martert sich mit tausend Sorgen,
Sein vieles Geld vermehrt zu sehn,
Und nimmt aus Geiz sich vor, die Hälfte
　　　zu verborgen,
Und läßt den, den er rief, doch leer zu-
　　　rücke gehn.
Arm hatt' er sich noch satt gegessen;
Reich hungert' er bey halbem Essen,
Und schnitt das Brot, das er den Sei-
　　　nen gab,
Mit Klagen über Gott und über Theu-
　　　rung, ab,
Und ward, mit jedem neuen Tage,
Der Seinen Last und seine Plage.

　Der andre Nachbar lachte sein.
Der Thorheit, sprach er, will ich wehren;

Was ich geerbt, will ich verzehren
Und mich des Segens recht erfreun..
Er hielt sein Wort, und sah in wenig Jah=
    ren
Sein vieles Geld in frember Hand;
Durch Gassen, wo er sonst stolz auf und
    ab gefahren,
Schlich itzt sein Fuß ganz unbekannt.
Ach! sprach er zu dem andern Erben,
Philemon hat es wohl gedacht,
Daß uns der Reichthum wird verderben,
Drum hat er uns sein Gut vermacht.
Du hungerst karg; ich hab' es durchge=
    bracht.
Wir waren werth, den Reichthum zu be=
    sitzen;
Denn keiner wußt' ihn recht zu nützen.

Damötas und Phyllis.

Damötas war schon lange Zeit
Der jungen Phyllis nachgegangen;
Noch konnte seine Zärtlichkeit
Nicht einen Kuß von ihr erlangen.
Er bat, er gab sich alle Müh;
Doch seine Spröde hört' ihn nie.

Er sprach: Zwey Bänder geb' ich dir;
Auch soll kein Warten mich verdrießen;
Versprich nur, schöne Phyllis, mir,
Mich diesen Sommer noch zu küssen.
Sie sieht sie an, er hofft sein Glück;
Sie lobt sie, und gibt sie zurück.

Er bot ein Lamm, noch zwey darauf,
Dann zehn, dann alle seine Herden.
So viel? Dieß ist ein theurer Kauf.
Nun wird sie doch gewonnen werden?
Doch nichts nahm unsre Phyllis ein;
Mit finstrer Stirne sprach sie: Nein!

Wie? rief Damötas ganz erhitzt,
So willst du ewig widerstreben!
Gut, ich verbiete dir anitzt,
Mir jemals einen Kuß zu geben.
O! rief sie, fürchte nichts von mir,
Ich bin dir ewig gut dafür.

Die Spröde lacht; der Schäfer geht,
Schleicht ungeküßt zu seinen Schafen.
Am andern Morgen war Damöt
Bey seinen Herden eingeschlafen;
Er schlief, und im Vorübergehn
Blieb Phyllis bey dem Schäfer stehn.

Wie roth, spricht Phyllis, ist sein Mund!
Bald dürft' ich mich zu was entschließen.
O! thäte nicht sein böser Hund,
Ich müßte diesen Schäfer küssen.
Sie geht; doch da sie gehen will;
So steht sie vor Verlangen still.

Sie sieht sich dreymal schüchtern um,
Und sucht die Zeugen, die sie scheute;
Sie macht den Hund mit Streicheln stumm,
Und lockt ihn freundlich auf die Seite;
Sie sinnt, bis daß sie, ganz verzagt,
Sich noch zween Schritte näher wagt.

Hier steht nunmehr das gute Kind;
Allein sie kann sich nicht entschließen.
Doch nein, itzt bückt sie sich geschwind,
Und wagt's, Damöten sanft zu küssen.
Sie gibt ihm drauf noch einen Blick,
Und kehrt nach ihrer Flur zurück.

Wie süße muß ein Kuß nicht seyn!
Denn Phyllis kömmt noch einmal wieder,
Scheint minder sich, als erst, zu scheun,
Und läßt sich bey dem Schäfer nieder;
Sie küßt, und nimmt sich nicht in Acht;
Sie küßt ihn, und Damöt erwacht.

O! fing Damöt halb schlafend an,
Mißgönnst du mir die sanfte Stunde?
Dir, sprach sie, hab' ich nichts gethan,
Ich spielte nur mit deinem Hunde;
Und überhaupt es steht nicht fein,
Ein Schäfer und stets schläfrig seyn.

Jedoch, was gibst du mir, Damöt?
So sollst du mich zum Scherze küssen.
Nun, sprach der Schäfer, ist's zu spät,
Du wirst an mich bezahlen müssen.
Drauf gab die gute Schäferinn
Um einen Kuß zehn Küsse hin.

Die Widersprecherinn.

Ismene hatte noch, bey vielen andern
Gaben,
Auch diese, daß sie widersprach.
Man sagt es überhaupt bey guten Wei-
bern nach,
Daß alle diese Tugend haben;
Doch wenn's auch tausendmal der ganze
Weltkreis spricht,
So halt' ich's doch für ein Gedicht,
Und sag' es öffentlich, ich glaub' es ewig nicht.
Ich bin ja auch mit mancher Frau bekannt,
Ich hab' es oft versucht und manche schön
genannt,
So häßlich sie auch war, bloß, weil ich
haben wollte,
Daß sie mir widersprechen sollte;
Allein sie widersprach mir nicht,
Und also ist es falsch, daß jede widerspricht.
So kränkt man euch, ihr guten Schönen!

Itzt komm' ich wieder zu Ismenen.

Ismenen sagte man's nicht aus Verleum-
      bung nach;
Es war gewiß, sie widersprach.

  Einst saß sie mit dem Mann bey Tische;
Sie aßen unter andern Fische,
Mich deucht, es war ein grüner Hecht.
Mein Engel, sprach der Mann, mein En-
      gel, ist mir recht,
So ist der Fisch nicht gar zu blau gesotten.
„Das, rief sie, hab' ich wohl gedacht.
So gut man auch die Anstalt macht,
So finden sie doch Grund, der armen Frau
      zu spotten.
Ich sag' es ihnen kurz, der Hecht ist gar
      zu blau."
Gut, sprach er, meine liebe Frau!
Wir wollen nicht darüber streiten,
Was hat die Sache zu bedeuten?

  So wie dem welschen Hahn, dem man
      was Rothes zeigt,
Der Zorn den Augenblick in Naf' und Lef-
      zen steigt,
Sie roth und blau durchströmt, lang aus
      einander treibet,
In beiden Augen blitzt, sich in den Flü-
      geln sträubet,

In alle Federn bringt, und sie gen Him-
    mel fehrt,
Und zitternd mit Geschrey und Poltern
    aus ihm fährt:
So schießt Ismenen auch, da dieß ihr Lieb-
    ster spricht,
Das Blut den Augenblick in ihr sonst blaß
    Gesicht;
Die Adern liefen auf, die Augen wurden
    enger,
Die Lippen dick und blau, und Kinn und
    Nase länger;
Ihr Haar bewegte sich, stieg voller Zorn
    empor,
Und stieß, indem es stieg, das Nachtzeug
    von dem Ohr.
Drauf fing sie zitternd an: „Ich, Mann!
    ich, deine Frau,
Ich sag' es noch einmal, der Hecht war gar
    zu blau."
Sie nimmt das Glas und trinkt. O! laßt
    sie doch nicht trinken!

Ihr Liebster geht, und sagt kein Wort;
Kaum aber ist ihr Liebster fort,
So sieht man sie in Ohnmacht sinken.
Wie konnt es anders seyn? Gleich auf den
    Zorn zu trinken!

Ein plötzliches Geräusch bewegt das ganze Haus;
Man bricht der Frau die Daumen aus;
Man streicht sie kräftig an; kein Balsam will sie stärken.
Man reibt ihr Schlaf und Puls; kein Leben ist zu merken.
Man nimmt versengtes Haar, und hält's ihr vors Gesicht;
Umsonst! Umsonst! Sie riecht es nicht!
Nichts kann den Geist ihr wiedergeben.
Man ruft den Mann; er kömmt und schreyt:
Du stirbst, mein Leben!
Du stirbst? Ich armer Mann! Ach! meine liebe Frau,
Wer hieß mich dir doch widerstreben!
Ach, der verdammte Fisch! Gott weiß, er war nicht blau.
Den Augenblick bekam sie wieder Leben.
„Blau war er, rief sie aus, willst du dich noch nicht geben?"

So that der Geist des Widerspruchs
Mehr Wirkung als die Kraft des heftigsten Geruchs!

Das
Heupferd oder der Grashüpfer.

Ein Wagen Heu, den Veltens Hand
Zu hoch gebaumt und schlecht bespannt,
Konnt' endlich von den matten Pferden
Nicht weiter fortgezogen werden.

Des Fuhrmanns Macht- und Sitten-
spruch,
Ein zehnmal wiederholter Fluch,
War eben wie der Peitsche Schlagen
Zu schwach bey diesem schweren Wagen.

Ein Heupferd, das bey der Gefahr
Zu oberst auf dem Wiesbaum war,
Sprang drauf herab, und sprach mit Lachen:
Ich will's dem Viehe leichter machen.

Drauf ward der Wagen fortgerückt.
Ey, rief das Heupferd ganz entzückt,
Du, Fuhrmann, wirst an mich gedenken:
Fahr fort! den Dank will ich dir schenken.

Semnon und das Orakel.

Sein künftig Schicksal zu erfahren,
Eilt Semnon voll Begier zum delphischen Altar.
Die Gottheit weigert sich, ihm das zu offenbaren,
Was über ihn verhänget war.
Sie spricht: „Du wirst ein großes Glück genießen;
Doch wird's dein Unglück seyn, sobald du es wirst wissen."

Ist Semnons Neugier nun vergnügt?
Nichts weniger! Nur mehr wächst sein Verlangen.
O Gottheit, fährt er fort, wenn Bitten dich besiegt,
So laß mich größres Licht von meinem Glück empfangen!
So traut der Mensch, und traut zugleich auch nicht.

Ein Semnon glaubt sein Glück, nicht,
      weil's die Gottheit saget,
Nein, weil er's schon gewünscht, eh er sie
      noch gefraget.
Doch glaubt er auch, wenn sie vom Un=
      glück spricht?
O nein! denn dieses wünscht er nicht.
Durch Klugheit denkt er schon das Unglück
      abzuwehren;
Kurz, Semnon läßt nicht nach, er will
      sein Schicksal hören.

„Du wirst, hub das Orakel an,
Durch deines Weibes Gunst den Zepter
      künftig führen,
Und Völker, die dich dienen sahn,
Dereinst durch einen Wink regieren."

Gestärkt durch dieses Götterwort
Eilt, der als Pilgrim kam, als Prinz in
      Hoffnung fort;
Mißt, ohne Land, im Geist schon seines
      Reiches Größen,
Und läßt schon, ohne Volk, sein Heer das
      Schwert entblößen.

Allein so froh er war, so war er's nicht
      genug.

Er weiß noch nicht, was er doch wissen
wollte:
Die Zeit, in der sein Fuß den Thron be-
steigen sollte,
Die Ungewißheit war's, die ihn noch nie-
derschlug.
Und, sprach er, wenn ich auch nun bald
den Thron bestiegen,
Wie lange währet alsdann mein königlich
Vergnügen?

Der kühne Zweifel treibt ihn an,
Zum delphischen Apoll sich noch einmal zu
nahn.

„O Thor! versetzt Apoll, euch Sterbli-
chen zum Glücke,
Verbarg der Götter Schluß die Zukunft
eurem Blicke.
So wisse denn: in kurzer Zeit
Schmückt dich des Purpurs Herrlichkeit;
Doch raubt die Hand, die dir den Thron
gegeben,
Die mit dem Throne bald das Leben.

Er that darauf im Kriege sich hervor,
Und stieg, aus einem niedern Stande,
Zur höchsten Würd' im Vaterlande

Durch seine Tapferkeit empor.
Das ihm so günstige Geschicke
Erfüllte des Orakels Sinn;
Und Semnon ward, bey immer größerm
              Glücke,
Der Liebling seiner Königinn.
Sie schenkt ihm Herz und Thron; doch ein
              verborgnes Schrecken
Läßt ihn das Glück der Hoheit wenig
              schmecken.
Sein reizendes Gemahl, das er halb liebt,
              halb scheut,
Erfüllt ihn halb mit Frost und halb mit
              Zärtlichkeit.
Itzt wünscht er tausendmal sein Schicksal
              nicht zu kennen,
Um so für sie, wie sie für ihn, zu brennen.
Sie merkt des Königs spröden Sinn,
Sie zieht ihn in Verdacht mit einer Buh=
              lerinn,
Sie gibt ihm heimlich Gift: er stirbt vor
              ihren Füßen.

Sagt, Menschen, ist's kein Glück, sein
              Schicksal nicht zu wissen?

Das Kartenhaus.

Das Kind greift nach den bunten Karten;
Ein Haus zu bauen, fällt ihm ein.
Es baut, und kann es kaum erwarten,
Bis dieses Haus wird fertig seyn.

Nun steht der Bau. O welche Freude!
Doch ach! ein ungefährer Stoß
Erschüttert plötzlich das Gebäude,
Und alle Bänder reißen los.

Die Mutter kann im Lomberspielen,
Wenn sie den letzten Satz verspielt,
Kaum so viel banges Schrecken fühlen,
Als ihr bestürztes Kind itzt fühlt.

Doch wer wird gleich den Muth verlieren?
Das Kind entschließt sich sehnsuchtsvoll,
Ein neues Lustschloß aufzuführen,
Das dem zerstörten gleichen soll.

Die Sehnsucht muß den Schmerz besiegen;
Das erste Haus steht wieder da.
Wie lebhaft war des Kinds Vergnügen,
Als es sein Haus von neuem sah!

Nun will ich mich wohl besser hüten,
Damit mein Haus nicht mehr zerbricht.
Tisch! ruft das Kind, laß dir gebieten,
Und stehe fest, und wackle nicht!

Das Haus bleibt unerschüttert stehen:
Das Kind hört auf, sich zu erfreun;
Es wünscht, es wieder neu zu sehen,
Und reißt es bald mit Willen ein.

Schilt nicht den Unbestand der Güter,
Du siehst dein eigen Herz nicht ein:
Veränderlich sind die Gemüther,
So mußten auch die Dinge seyn.

Bey Gütern, die wir stets genießen,
Wird das Vergnügen endlich matt;
Und würden sie uns nicht entrissen,
Wo fänd' ein neu Vergnügen Statt?

Die zärtliche Frau.

Wie alt ist nicht der Wahn, wie alt
und ungerecht,
Als ob dir, weibliches Geschlecht,
Die Liebe nicht von Herzen ginge?
Das Alter sang in diesem Ton;
Von seinem Vater hört's der Sohn,
Und glaubt die ungereimten Dinge.
Verlaßt, o Männer, diesen Wahn,
Und daß ihr ihn verlaßt, so hört ein Bey-
spiel an,
Das ich für alle Männer singe.
Du aber, die mich dichten heißt,
Du, Liebe, stärke mich, daß mir ein Lied
voll Geist,
Ein überzeugend Lied gelinge!
Und gib mir, zu gesetzter Zeit,
Ein Weib von so viel Zärtlichkeit,
Als diese war, die ich besinge!

Clarine liebt den treusten Mann,
Den sie nicht besser wünschen kann;
Sie liebt ihn recht von Herzensgrunde;
Und wenn dir dieß unglaublich scheint,
So wisse nur, seit der beglückten Stunde,
Die sie mit ihrem Mann vereint,
War noch kein Jahr vorbey; nun glaubst
    du's doch, mein Freund?

Clarine kannte keine Freude,
Kein größer Glück als ihren Mann;
Sie liebte, was er liebgewann,
Was eines wollte, wollten beide;
Was ihm mißfiel, mißfiel auch ihr.
O! sprichst du, so ein Weib, so eines
    wünsch' ich mir!
Ja wohl! Ich wünsch' es auch mit dir;
Sey nur recht zärtlich eingenommen.
Ihr Mann wird krank; vielleicht kannst du
    sie noch bekommen.
Krank, sag' ich, wird ihr Mann, und recht
    gefährlich krank;
Er quält sich viele Tage lang;
Von ganzen Strömen Schweiß war sein
    Gesicht umflossen;

Doch noch von Thränen mehr, die sie um
　　　　　ihn vergossen.
„Tod! fängt sie ganz erbärmlich an,
Tod! wenn ich dich erbitten kann,
Nimm lieber mich als meinen Mann!"
Wenn's nur der Tod gehöret hätte!
Ja wohl! Er hört es auch, er hört Clari-
　　　　　nens Noth;
Er kömmt und fragt: Wer rief? „Hier!
　　　　　schreyt sie, lieber Tod,
Hier liegt er, hier in diesem Bette!"

Der zärtliche Mann.

Die ihr so eifersüchtig seyd,
Und nichts als Unbeständigkeit
Den Männern vorzurücken pfleget,
O Weiber, überwindet euch:
Lest dieß Gedicht, und seyd zugleich
Beschämt und ewig widerlegt.
Wir Männer sind es ganz allein,
Die Einmal nur, doch ewig lieben;
Uns ist die Treu ins Blut geschrieben.
Beweist es! hör' ich alle schreyn.
Recht gut! Es soll bewiesen seyn.

Ein liebes Weib ward krank. Wovon?
   von vieler Galle?
Die alte Spötterey! Kein Kluger glaubt
   sie mehr.
Nein, nein, die Weiber siechten alle,
Wenn dieses Übel schädlich wär'.
Genug, sie wird sehr krank. Der Mann
   wendt alles an,

Was man von Männern fordern kann;
Eilt, ihr zu rechter Zeit die Pulver ein=
    zuschütten;
Er läßt für seine Frau in allen Kirchen
    bitten,
Und gibt noch mehr dafür, als sonst ge=
    bräuchlich war;
Und doch vermehrt sich die Gefahr.
Er ächzt, er weint und schreyt, er will
    mit ihr verderben.
Ach Engel, spricht die Frau, stell' deine
    Klagen ein!
Ich werde mit Vergnügen sterben,
Versprich mir nur, nicht noch einmal zu
    freyn.

Er schwört, sich keine mehr zu wählen.
Dein Schatten, ruft er, soll mich quälen,
Wenn mich ein zweytes Weib besiegt.
Er schwört. Nun stirbt sein Weib vergnügt.

Wer kann den Kummer wohl beschreiben,
Der unsern Wittwer überfällt? —
Er weiß vor Jammer kaum zu bleiben:
Zu eng ist ihm sein Haus, zu klein ist ihm
    die Welt.
Er opfert seiner Frau die allertreusten
    Klagen,

Bleibt ohne Speiſ' und Trank, ſucht keine
Lagerſtatt;
Er klagt, und iſt des Lebens ſatt.
Indeß befiehlt die Zeit, ſie in das Grab
zu tragen.
Man legt der Seligen ihr ſchwarzes Braut=
kleid an;
Der Wittwer tritt bethränt an ihren Sarg
hinan.
Was? fängt er plötzlich an zu fluchen,
Was Henker, was ſoll dieſes ſeyn?
Für eine todte Frau ein Brautkleid aus=
zuſuchen?
Geſetzt, ich wollte wieder freyn,
So müßt' ich ja ein neues machen laſſen.

Ihr Leute kränkt ihn nicht, geht, holt
ein ander Kleid,
Und laßt dem armen Wittwer Zeit!
Er wird ſich mit der Zeit ſchon faſſen.

Die Spinne.

Hochmüthig über ihre Künste
Warf vom durchsichtigen Gespinste
Die Spinne manchen finstern Blick
Auf einen Seidenwurm zurück;
So aufgebläht wie ein Pedant,
Der itzt, von seinem Werth erhitzet,
In Werken seiner eignen Hand
Bis an den Bart vergraben sitzet,
Und auf den Schüler, der ihn grüßt,
Den Blick mit halben Augen schießt.

Der Seidenwurm, den erst vor wenig
 Tagen
Der Herr zur Lust mit sich ins Haus ge=
 tragen,
Sieht dieser Spinne lange zu,
Und fragt zuletzt: Was webst denn du?
„Unwissender! läßt sich die Spinn' erbittert
 hören,

Du kannst mich noch durch solche Fragen
stören?
Ich webe für die Ewigkeit!"

Doch kaum ertheilte sie den trotzigen Be=
scheid,
So reißt die Magd, mit Borsten in den
Händen,
Von den noch nicht geputzten Wänden
Die Spinne nebst der Ewigkeit.

Die Kunst sey noch so groß, die dein
Verstand besitzet,
Sie bleibt doch lächerlich, wenn sie der
Welt nicht nützet.
Verdient, ruft ein Pedant, mein Fleiß
denn keinen Dank?
Nein! denn er hilft nichts mehr als An=
drer Müßiggang.

Die

Biene und die Henne.

Nun Biene, sprach die träge Henne,
Dieß muß ich in der That gestehn,
So lange Zeit, als ich dich kenne;
So seh' ich dich auch müßig gehn.
Du sinnst auf nichts als dein Vergnügen;
Im Garten auf die Blumen fliegen,
Und ihren Blüthen Saft entziehn,
Mag eben nicht so sehr bemühn.
Bleib immer auf der Nelke sitzen,
Dann fliege zu dem Rosenstrauch.
Wär' ich wie du, ich thät' es auch.
Was brauchst du andern viel zu nützen?
Genug, daß wir so manchen Morgen
Mit Eyern unser Haus versorgen.

O! rief die Biene, spotte nicht!
Du denkst, weil ich bey meiner Pflicht
Nicht so, wie du bey einem Ey,
Aus vollem Halse zehnmal schreye;
So, denkst du, wär' ich ohne Fleiß.

Der Bienenstock sey mein Beweis,
Wer Kunst und Arbeit besser kenne,
Ich oder eine träge Henne.
Denn, wenn wir auf den Blumen liegen,
So sind wir nicht auf uns bedacht;
Wir sammeln Saft, der Honig macht,
Um fremde Zungen zu vergnügen.
Macht unser Fleiß kein groß Geräusch,
Und schreyen wir bey warmen Tagen,
Wenn wir den Saft in Zellen tragen,
Uns nicht, wie du im Neste, heisch:
So präge dir es itzund ein:
Wir hassen allen stolzen Schein,
Und wer uns kennen will, der muß in Rost
    und Kuchen
Fleiß, Kunst und Ordnung untersuchen.

Auch hat uns die Natur beschenkt,
Und einen Stachel eingesenkt,
Mit dem wir die bestrafen sollen,
Die, was sie selber nicht verstehn,
Doch meistern und verachten wollen:
Drum, Henne! rath' ich dir, zu gehn.

O Spötter, der mit stolzer Miene,
In sich verliebt, die Dichtkunst schilt,

Dich unterrichtet dieses Bild.
Die Dichtkunst ist die stille Biene,
Und willst du selbst die Henne seyn,
So trifft die Fabel völlig ein.
Du fragst, was nützt die Poesie?
Sie lehrt und unterrichtet nie.
Allein wie kannst du doch so fragen?
Du siehst an dir, wozu sie nützt:
Dem, der nicht viel Verstand besitzt,
Die Wahrheit durch ein Bild zu sagen.

Der süße Traum.

Mit Träumen, die uns schön betrügen,
Erfreut den Timon einst die Nacht;
Im Schlaf erlebt er das Vergnügen,
An das er wachend kaum gedacht.
Er sieht: Aus seines Bettes Mitte
Steigt schnell ein großer Schatz herauf,
Und schnell baut er aus seiner Hütte
Im Schlafe schon ein Lustschloß auf.
Sein Vorsaal wimmelt von Clienten,
Und, unbekleidet am Kamin,
Läßt er, die ihn vordem kaum nennten,
In Ehrfurcht itzt auf sich verziehn.
Die Schöne, die ihn oft im Wachen
Durch ihre Sprödigkeit betrübt,
Muß Timons Glück vollkommen machen;
Denn träumend sieht er sich geliebt.
Er sieht von Doris sich umfangen,
Und ruft, als dieß ihm träumt, vergnügt;
Er lallt: O Doris, mein Verlangen!
Hat Timon endlich dich besiegt?

Sein Schlafgeselle hört ihn lallen:
Er hört, daß ihn ein Traum verführt,
Und thut ihm liebreich den Gefallen,
Und macht, daß sich sein Traum verliert.
Freund, ruft er, laß dich nicht betrügen;
Es ist ein Traum, ermuntre dich!
„O böser Freund! um welch Vergnügen,
Klagt Timon ängstlich, bringst du mich!
Du machest, daß mein Traum verschwindet;
Warum entziehst du mir die Lust?
Genug, ich hielt sie für gegründet,
Weil ich den Irrthum nicht gewußt."

Oft quält ihr uns, ihr Wahrheits-
  freunde,
Mit eurer Dienstbeflissenheit;
Oft seyd ihr unsrer Ruhe Feinde,
Indem ihr unsre Lehrer seyd.
Wer heißt euch uns den Irrthum rauben,
Den unser Herz mit Lust besitzt?
Und der, so heftig wir ihn glauben,
Uns dennoch minder schadt als nützt.
Der wird die halbe Welt bekriegen,
Wer allen Wahn der Welt entzieht.
Die meisten Arten von Vergnügen
Entstehen, weil man dunkel sieht.

Was denkt der Held bey seinen Schlachten?
Er denkt, er sey der größte Held.
Gönnt ihm die Lust, sich hochzuachten,
Damit ihm nicht der Muth entfällt.
Geht, fragt: Was denkt wohl Adelheide?
Sie denkt, mein Mann liebt mich getreu.
Sie irrt; doch gönnt ihr ihre Freude,
Und laßt das arme Weib dabey.
Was glaubt der Ehmann von Lisetten?
Er glaubt, daß sie die Keuschheit ist.
Er irrt; ich wollte selber wetten;
Doch schweigt, wenn ihr es besser wißt.
Was denkt der Philosoph im Schreiben?
Mich liest der Hof, mich ehrt die Stadt!
Er irrt; doch laßt ihn irrig bleiben,
Damit er Lust zum Denken hat.
Durchsucht der Menschen ganzes Leben,
Was treibt zu großen Thaten an?
Was pflegt uns Ruh und Trost zu geben?
Sehr oft ein Traum, ein süßer Wahn.
Genug, daß wir dabey empfinden,
Es sey auch tausendmal ein Schein!
Sollt' aller Irrthum ganz verschwinden,
So wär' es schlimm, ein Mensch zu seyn.

Der Reisende.

Ein Wandrer bàt den Gott der Götter,
Den Zevs, bey ungestümem Wetter,
Um stille Luft und Sonnenschein.
Umsonst! Zevs läßt sich nicht bewegen;
Der Himmel stürmt mit Wind und Regen;
Denn stürmisch soll' es heute seyn.

Der Wandrer setzt, mit bittrer Klage,
Daß Zevs mit Fleiß die Menschen plage,
Die saure Reise mühsam fort.
So oft ein neuer Sturmwind wütet,
Und schnell ihm, still zu stehn, gebietet;
So oft ertönt ein Lästerwort.

Ein naher Wald soll ihn beschirmen.
Er eilt, dem Regen und den Stürmen
In diesem Holze zu entgehn;
Doch eh der Wald ihn aufgenommen,
So sieht er einen Räuber kommen,
Und bleibt vor Furcht im Regen stehn.

Der Räuber greift nach seinem Bogen,
Den schon die Nässe schlaff gezogen;
Er zielt, und faßt den Pilger wohl.
Doch Wind und Regen sind zuwider;
Der Pfeil fällt matt vor dem darnieder,
Dem er das Herz durchbohren soll.

O Thor! läßt Zevs sich zornig hören,
Wird dich der nahe Pfeil nun lehren,
Ob ich dem Sturm zu viel erlaubt?
Hätt' ich dir Sonnenschein gegeben,
So hätte dir der Pfeil das Leben,
Das dir der Sturm erhielt, geraubt.

Der erhörte Liebhaber.

Der größte Fehler in der Liebe,
O Jüngling, ist die Furchtsamkeit:
Was helfen dir die süßen Triebe
Bey einer stummen Schüchternheit?
Du liebst, und willst es doch nicht wagen,
Es deiner Schönen zu gestehn;
Was beine Lippen ihr nicht sagen,
Soll sie in deinen Augen sehn.
Im Stillen trägst du deinem Kinde
Das Herz mit Ehrerbietung an,
Und wünschest, daß sie das empfinde,
Was doch dein Mund nicht sagen kann.
Du hörst nicht auf sie hochzuachten,
Und ehrst sie durch Bescheidenheit;
Sie fühlt, und läßt dich dennoch schmachten,
Und wartet auf Beständigkeit.
Sie läßt dich in den Augen lesen,
Wie viel dir dieser Vorzug nützt.
Erst liebt sie dein bescheidnes Wesen
Und endlich den, der es besitzt.

Ein Jahr verfliegt; o, lacht des Blöden!
Was hat er denn für seine Müh?
Er darf mit ihr von Liebe reden,
Und wagt den ersten Kuß auf sie.
Ein Jahr! Und noch kein größer Glücke?
In Wahrheit, das ist lächerlich.
Warum rief er, beym ersten Blicke,
Nicht gleich: Mein Kind, ich liebe dich!
Da lob' ich euch, ihr jungen Helden,
Ihr wißt von keiner langen Pein;
Ihr laßt euch bey der Schönen melden,
Ihr kommt, und seht, und nehmt sie ein.
Und euern Muth recht zu beseelen,
Den ihr bey eurer Liebe fühlt;
So will ich euch den Sieg erzählen,
Den einst Jesmin sehr schnell erhielt.

Ein junger Mensch, der gütigst wollte,
Daß jedes schöne Kind die Ehre haben
 sollte,
Von ihm geliebt, von ihm geküßt zu seyn:
Jesmin sah Silvien, das heißt, sie nahm
 ihn ein;
Er sah sie in dem Fenster liegen,
Ward schnell besiegt, und schwur, sie wie-
 der zu besiegen.

Die halbe Nacht verstrich, daß mein Jes-
   min nicht schlief;
Er sann auf einen Liebesbrief,
Schlug die Romane nach, und trug die
   hellsten Flammen
In einen Brief aus zwanzigen zusammen.
Der Brief ward fortgeschickt, und für sein
   bares Geld
Ward auch der Brief getreu bestellt;
Allein die Antwort will nicht kommen.
Jesmin, vom Kummer eingenommen,
Ergreift das Briefpapier, und schreibet
   noch einmal.
Er klagt der Schönen seine Qual;
Er redt von strengen Liebeskerzen,
Von Augensonnen, heiß an Pein,
Von Tiegermilch, von diamantnen Herzen
Und von der Hoffnung Nordlichtschein;
Und schwört, weil Silvia durch nichts er-
   weicht geworden,
Sich, bey Gelegenheit, aus Liebe zu er-
   morden.

 Getrost, Jesmin, versiegle deinen
  Brief!
So wie das Siegelwachs am Lichte nie-
   derlief,

So wird der Schönen Herz, eh Nacht und
Tag verfließen,
Von deines Briefes Glut erweicht zer-
schmelzen müssen.
Der Brief wird fortgeschickt und richtig
überbracht.
Jesmin thut manch Gebet an Venus klei-
nen Knaben;
Doch folgt die Antwort nicht. Wer
das gedacht!
Das Mädchen muß ein Herz von Stahl
und Eisen haben;
Doch welcher Baum fällt auf den ersten
Hieb?
Ich zweifle nicht, die Schöne hat ihn lieb,
Und ihre Sprödigkeit ist ein verstelltes
Wesen,
Um nur von ihm mehr Briefe noch zu
lesen.
Wie könnte sie dem heißen Flehn
Und, da sie ihn ohnlängst geputzt ge-
sehn,
Der reichen Weste widerstehn?

Ich weiß noch einen Rath, und dieser
Rath wird glücken;
Durch Verse kann man sehr entzücken:

In Verſen, mein Jesmin, in Verſen ſchreib'
 an Sie;
Siegſt du durch Verſe nicht, Jesmin, ſo
 ſiegſt du nie.
Er folgt. O wünſcht mit mir, daß ihm
 die Reime fließen!
Seht, welch ein feurig Lied Jesmin zur
 Welt gebar!
Was könnte man auch anders ſchließen,
Da ſeine Proſa ſchon ſo hoch und feurig war?

Kaum hatte Silvia das Heldenlied ge-
 leſen,
So kam auch ſchon ein Gegenbrief.
Man ſtelle ſich nur vor, wie froh Jesmin
 geweſen,
Wie froh Jesmin der Magd entgegen lief!
Die ſchlaue Magd grüßt ihn galant.
Er ſteht und hält den Brief entzückt in
 ſeiner Hand,
Und brennet vor Begier, den Inhalt bald
 zu wiſſen,
Und kann vor Zärtlichkeit ſich dennoch nicht
 entſchließen,
Das kleine Siegel abzuziehn;
Er drückt den Brief an ſich, er drückt
 und küſſet ihn.

Die Magd kriegt ein Pistol, und schwört,
                ihm treu zu bleiben.
Allein was stund in diesem Schreiben,
Als es Jesmin froh aus einander schlug?
Kein Wörtchen mehr als dieß: Mein Herr,
                Sie sind nicht klug!

Der

glücklich gewordene Ehemann.

Frontin liebt Hannchen bis zum Sterben;
Denn Hannchen war ein schönes Kind;
Allein je reizender die losen Mädchen sind,
Um desto weniger kann man ihr Herz erwerben.
Frontin erfuhr es wohl. Drey Jahre liebt er sie;
Allein umsonst war alle Müh.
Was that er endlich? Er verreiste,
Und ging (was kann wohl ärgers seyn?)
Ging, sag' ich, mit dem bösen Geiste
Ein Bündniß an dem Blocksberg ein:
Ein Bündniß, daß er ihm zwey Jahre dienen wollte,
Wofern er Hannchen noch zur Frau bekommen sollte.
Sie werden hurtig eins, und schließen ihren Kauf;
Der böse Geist gibt ihm die Hand darauf,

Und ob er gleich die Welt sehr oft belogen,
Und Doctor Fausten selbst betrogen;
So hielt er doch sein Wort genau.
Frontin ward Hannchens Mann, und sie
   ward seine Frau.

Doch eh vier Wochen sich verlieren,
So fängt Frontin schon an den Schwar=
   zen zu citiren.
Ach! spricht er, da der Geist erscheint,
Ach! darf ich, lieber böser Feind,
Noch einer Bitte mich erkühnen?
Ich habe dir gelobt, für Hannchen, mei=
   ne Frau,
Zwey Jahre, wie du weißt, zu dienen,
Und dieß erfüll' ich auch genau;
Doch willst du mir mein Hannchen wieder
   nehmen,
So soll mein Dienst ein Jahr verlängert
   seyn.
Der Böse will sich nicht bequemen.
Drauf geht Frontin die Frist noch zwey=
   mal ein;
Denn, sprach er bey sich selbst, so arg du
   immer bist,
So weiß ich doch, daß Hannchen ärger ist.

Der gütige Besuch.

Ein offner Kopf, ein muntrer Geist,
Kurz, einer von den frohen Leuten,
Die ihr Beruf zu Neuigkeiten
Nie denken, ewig reden heißt;
Die mit Gewalt es haben wollen,
Daß Kluge närrisch werden sollen:
Ein solcher Schwätzer trat herein,
Dem Dichter den Besuch zu geben.
O! rief er, welch ein traurig Leben!
Wie? schlafen Sie denn nicht bey ihren
  Büchern ein?
So sind Sie denn so ganz allein,
Und müssen gar vor langer Weile lesen?
Ich dacht' es wohl, drum käm ich sorge-
  schwind, um sie zu unterhalten.
"Ich bin, sprach der Poet, noch nie al-
  lein gewesen,
Als seit der Zeit, da Sie zugegen sind."

Der
Arme und der Reiche.

Aret, ein tugendhafter Mann,
Dem nichts als Geld und Güter fehlten,
Rief, als ihn einst die Schulden quälten,
Das Glück um seinen Beystand an.
Das Glück, das seine liebsten Gaben
Sonst immer für die Leute spart,
Die von den Gütern beßrer Art
Nicht gar zu viel bekommen haben,
Entschloß sich dennoch auf sein Flehn,
Dem wackern Manne beyzustehn,
Und ließ ihn in verborgnen Gründen
Aus Geiz verscharrte Schätze finden.
Er sieht daraus in kurzer Zeit
Von seinen Schuldnern sich befreyt.
Doch ist ihm wohl die Noth benommen,
Da, statt der Schuldner, Schmeichler kommen?
So oft er trinkt, so oft er ißt,
Kömmt einer, der ihn durstig küßt,
Nach seinem Wohlseyn ängstlich fraget,

Und ihn mit Höflichkeit und List,
Mit Loben und Bewundern plaget,
Und doch durch alles nichts, als daß ihn
　　　　hungert, saget.

O Glücke! rief Aret, soll eins von bei-
　　　　den seyn,
Kann alle Klugheit nicht von Schmeich-
　　　　lern mich befreyn;
So will ich mich von Schuldnern lieber
　　　　hassen
Als mich von Schmeichlern lieben lassen.
Vor jenen kann man doch zuweilen sicher
　　　　seyn;
Doch diese Brut schleicht sich zu allen Zei-
　　　　ten ein.

Damokles.

Glaubt nicht, daß bey dem größten
Glücke
Ein Wütrich jemals glücklich ist;
Er zittert in dem Augenblicke,
Da er der Hoheit Frucht genießt.
Bey aller Herrlichkeit stört ihn des Todes
Schrecken,
Und läßt ihn nichts als theures Elend
schmecken.

Als den Tyrannen Dionys
Ein Schmeichler einstens glücklich pries,
Und aus dem Glanz der äußerlichen Ehre,
Aus reichem Überfluß an Volk und Gold
erwies,
Daß sein Tyrann unendlich glücklich wäre;
Als dieß Damokles einst gethan,
Fing Dionys zu diesem Schmeichler an:
So sehr mein Glück dich eingenommen,

So kennst du es doch unvollkommen;
Doch schmecktest du es selbst, wie würde
  dich's erfreun!
Willst du einmal an meiner Stelle seyn?
„Von Herzen gern!" fällt ihm Damokles ein.

Ein goldner Stul wird schnell für ihn
  herbey gebracht.
Er sitzt, und sieht auf beiden Seiten
Der Hohen größte Herrlichkeiten;
Die Stolz und Wollust ausgedacht.
Von Purpur prangen alle Wände;
Gold schmückt die Tafel aus, im Golde
  perlt der Wein.
Ein Wink! so eilen zwanzig Hände,
Des hohen Winkes werth zu seyn.
Ein Wort! so fliegt die Menge schöner
  Knaben,
Und sucht den Ruhm, dieß Wort voll-
  streckt zu haben.

Von Wollust süß berauscht, von Herr-
  lichkeit entzückt,
Schätzt sich Damokles für beglückt.
„O Hoheit! ruft er aus, könnt' ich dich
  ewig schmecken!"
Doch ach! was nimmt er plötzlich wahr?

Ein scharfes Schwert an einem Pferde=
        haar,
Das an der Decke hängt, erfüllt sein Herz
        mit Schrecken;
Er sieht die drohende Gefahr
Nah über seinem Haupte schweben.
Der Glückliche fängt an zu beben;
Er sieht nicht mehr auf seines Zimmers
        Pracht,
Nicht auf den Wein, der aus dem Golde
        lacht;
Er langt nicht mehr nach den schmackhaf=
        ten Speisen,
Er hört nicht mehr der Sänger sanfte
        Weisen.
„Ach! fängt er zitternd an zu schreyn:
Laß mich, o Dionys, nicht länger glück=
        lich seyn!"

Die beiden Hunde.

Daß oft die allerbesten Gaben
Die wenigsten Bewundrer haben,
Und daß der größte Theil der Welt
Das Schlechte für das Gute hält:
Dieß Übel sieht man alle Tage;
Allein wie wehrt man dieser Pest?
Ich zweifle, daß sich diese Plage
Aus unsrer Welt verbringen läßt.
Ein einzig Mittel ist auf Erden;
Allein es ist unendlich schwer:
Die Narren müßten weise werden,
Und seht! sie werden's nimmermehr.
Nie kennen sie den Werth der Dinge.
Ihr Auge schließt, nicht ihr Verstand;
Sie loben ewig das Geringe,
Weil sie das Gute nie gekannt.

Zween Hunde dienten einem Herrn;
Der eine von den beiden Thieren,

Joli, verstund die Kunst, sich lustig auf=
    zuführen,
Und wer ihn sah, vertrug ihn gern.
Er holte die verlornen Dinge,
Und spielte voller Ungestüm.
Man lobte seinen Scherz, belachte seine
    Sprünge.
Seht, hieß es, alles lebt an ihm!
Oft biß er mitten in dem Streicheln:
So falsch und boshaft war sein Herz;
Gleich fing er wieder an zu schmeicheln,
Dann hieß sein Biß ein feiner Scherz.
Er war verzagt und ungezogen;
Doch ob er gleich zur Unzeit bell' und schrie,
So blieb ihm doch das ganze Haus ge=
    wogen;
Er hieß der lustige Joli.
Mit ihm vergnügte sich Lisette,
Er sprang mit ihr zu Tisch und Bette,
Und beide theilten ihre Zeit
In Schlaf, in Scherz und Lustbarkeit;
Sie aber übertraf ihn weit.

Fibel, der andre Hund, war von ganz
    anderm Wesen:
Zum Witze nicht ersehn, zum Scherze nicht
    erlesen,

Sehr ernsthaft von Natur; doch wachsam
um das Haus,
Ging öfters auf die Jagd mit aus,
War treu und herzhaft in Gefahr,
Und bellte nicht, als wenn es nöthig war.
Er stirbt. Man hört ihn kaum erwähnen;
Man trägt ihn ungerühmt hinaus.
Joli stirbt auch. Da fließen Thränen!
Seht, ihn beklagt das ganze Haus!
Die ganze Nachbarschaft bezeiget ihren
Schmerz.

So gilt ein Bischen Witz mehr als ein
gutes Herz!

Selinde.

Das schönste Kind zu ihren Zeiten,
Selinde, reich an Lieblichkeiten,
Schön, wenn ich also sagen mag,
Schön wie das Morgenroth, und heiter
   wie der Tag:
Selinde soll sich malen lassen.
Sie weigert sich; der Maler ließ nicht nach;
Er bat, bis sie es ihm versprach,
Und schwur, sie recht getreu zu fassen.
Sie fragt, wie viel man ihm bezahlt:
Ich hätte sie umsonst gemalt,
Und hätt' ich ja was fordern sollen,
So hätt' ich Küsse fordern wollen.

So schön Selinde wirklich war,
So schön, und schöner nicht, stellt sie der
   Maler dar;
Die kleinste Miene muß ihm glücken.
Das Bild war treu und schön bis zum
   Entzücken,
So reizend, daß es selbst der Maler hur-
   tig küßt,
So bald sein Weib nicht um ihn ist.

Der Maler bringt sein göttliches Ge=
    sicht.
Selinde sieht es an, erschrickt, und legt
    es nieder.
„Hier nehm' er sein Gemälde wieder;
Er irrt, mein Freund, das bin ich
    nicht.
Wer hieß ihn so viel Schmeicheleyen
Und so viel Reiz auf meine Bildung streuen?
Erdichtet ist der Mund, verschönert ist das
    Kinn;
Kurz, nehm' er nur sein Bildniß hin;
Ich mag nicht schöner seyn, als ich in
    Wahrheit bin.
Vielleicht wollt' er die Venus malen:
Von dieser laß er sich bezahlen."

So ist sie denn allein das Kind,
Das schön ist, ohn' es seyn zu wollen?
Wie viele kenn' ich nicht, die wirklich häß=
    lich sind,
Und die wir mit Gewalt für englisch hal=
    ten sollen!

Der Maler nimmt sein Bild, und sagt
    kein einzig Wort,
Geht trotzig, wie ein Künstler, fort.

Was wird er thun? Er wird es doch nicht
wagen,
Und so ein schönes Kind verklagen?

Er klagt. Selinde muß sich stellen.
Die Väter werden doch ein gütig Urtheil
fällen!
O! fahrt sie nicht gebietrisch an;
So sehr sie Unrecht hat, so edel ist ihr Wahn.

Hier kömmt sie schon, hier kömmt Se-
linde!
Wer hat mehr Anmuth noch gesehn?
Der ganze Rath erstaunt vor diesem schö-
nen Kinde,
Und sein Erstaunen preist sie schön;
Und jeder Greis in dem Gerichte
Verliert die Runzeln vom Gesichte.
Man sah aufs Bild, doch jedesmal
Noch längre Zeit auf das Original;
Und jeder rief: Sie ist getroffen!
„O! sprach sie ganz beschämt, wie könnt'
ich dieses hoffen?
Er hat mich viel zu schön gemalt;
Und Schmeichler werden nicht bezahlt."

Selinde! hub der Richter an,

Kein Maler konnt' euch treuer malen;
Er hat nach seiner Pflicht gethan,
Abbittend sollt ihr ihn bezahlen;
Doch weil ihr von euch selbst nicht einge=
nommen seyd,
So geht nicht unbelohnt von diesem Rich=
terplatze:
Empfangt ein Heirathsgut, aus dem ge=
meinen Schatze
Zum Lohne der Bescheidenheit.

O weiser Mann, der dieses spricht!
Gerechter ist kein Spruch zu finden;
Du, du verdienst ein ewig Lobgedicht,
Und wärst du jung, verdientest du Selin=
den!
Selinde geht. Der Beyfall folgt ihr nach;
Man sprach von ihr gewiß, wenn man
von Schönen sprach;
Je mehr sie zweifelte, ob sie so reizend
wäre,
Um besto mehr erhielt sie Ehre.

Je minder sich der Kluge selbst gefällt,
Um besto mehr schätzt ihn die Welt.

Der Schatz.

Ein kranker Vater rief den Sohn.
Sohn! sprach er, um dich zu versorgen,
Hab' ich vor langer Zeit einst einen Schatz
              verborgen;
Er liegt.... Hier starb der Vater schon.
Wer war bestürzter als der Sohn?
Ein Schatz! (So waren seine Worte)
Ein Schatz! allein an welchem Orte?
Wo find' ich ihn? Er schickt nach Leuten
              aus,
Die Schätze sollen graben können,
Durchbricht der Scheuern harte Tennen,
Durchgräbt den Garten und das Haus,
Und gräbt doch keinen Schatz heraus.

Nach viel vergeblichem Bemühen
Heißt er die Fremden wieder ziehen,
Sucht selber in dem Hause nach,
Durchsucht des Vaters Schlafgemach,
Und findt mit leichter Müh (wie groß
              war sein Vergnügen!)
Ihn unter einer Diele liegen.

Vielleicht, daß mancher eh die Wahr-
　　　　heit finden sollte,
Wenn er mit minbrer Müh die Wahrheit
　　　　suchen wollte;
Und mancher hätte sie wohl zeitiger ent-
　　　　deckt,
Wofern er nicht geglaubt, sie wäre tief
　　　　versteckt.
Verborgen ist sie wohl, allein nicht so ver-
　　　　borgen,
Daß du der finstern Schriften Wust,
Um sie zu sehn, mit tausend Sorgen,
Bis auf den Grund durchwühlen mußt.
Verlaß dich nicht auf fremde Müh,
Such' selbst, such' aufmerksam, such' oft;
　　　　du findest sie.
Die Wahrheit, lieber Freund! die alle
　　　　nöthig haben,
Die uns, als Menschen, glücklich macht,
Ward von der weisen Hand, die sie uns
　　　　zugedacht,
Nur leicht verdeckt, nicht tief vergraben.

Monime.

Durch schöner Glieder Reiz, durch
    Schönheit des Verstands
Erwarb Monime sich den Beyfall Grie-
    chenlands.
So manches Buhlers Herz besiegten ihre
    Blicke,
Mit Wollust sah er sie, beschämt wich er
    zurücke;
Denn war Monime schön, so war ihr Herz
    zugleich
An Unschuld, wie ihr Blick an Geist und
    Feuer, reich.
Die Tugend, die dem Wunsch erhitzter
    Buhler wehrte,
Trieb selbst den Buhler an, daß er sie
    mehr verehrte.
Arm war sie von Geburt und zart von
    Leidenschaft,
Mit Schmeichlern stets umringt, und blieb
    doch tugendhaft?

Doch bringt Geschenke her! Der Diaman=
    ten Flehen,
Des Golds Beredsamkeit wird sie nicht
    widerstehen.

Ein Prinz aus Pontus ist's, der große
    Mithridat,
Der mit entbrannter Brust sich zu Moni=
    men naht;
Ein König seufzt und fleht. Zu schmeicheln=
    de Gedanken!
Wird nicht bey diesem Glück Monimens
    Tugend wanken?

Prinz, fing sie herzhaft an, du scheinst
    durch mich gerührt,
Und rühmst den kleinen Reiz, der meine
    Bildung ziert.
Ich danke der Natur für diesen Schmuck
    der Jugend;
Die Schönheit gab sie mir, und ich gab
    mir die Tugend;
Nicht jene macht mich stolz, nein! diese
    macht mich kühn;
Sey tausendmal ein Prinz: umsonst ist
    dein Bemühn!

Ich mehre nie die Zahl erkaufter Buhle-
 rinnen:
Nur als Gemahl wirst du Monimens
 Herz gewinnen.

So unbeweglich blieb ihr tugendhafter
 Sinn.
Der Prinz, des Prinzen Flehn, der präch-
 tigste Gewinn,
Des Hofes Kunst und List, nichts konnte
 sie bezwingen:
Der Prinz muß für ihr Herz ihr selbst
 die Krone bringen.

O welch ein seltnes Glück! von niederm
 Blut entstehn,
Und aus dem Staube sich bis zu dem
 Thron erhöhn!
Wie lange, großes Glück! wirst du ihr
 Herz vergnügen?
Wie lange?

Mithridat hofft Rom noch zu
 besiegen,
Verläßt Monimens Arm, um in den Krieg
 zu ziehn;

Doch der, der siegen will, fängt an, besiegt zu fliehn;
Rom setzt ihm siegreich nach, sein Land wird eingenommen:
Doch soll das stolze Rom Monimen nicht bekommen:
Eh dieß der Prinz erlaubt, befiehlt er ihren Tod.
Ein Sklav eröffnet ihr, was Mithridat gebot.

So, ruft sie, raubt mir auch die Hoheit noch das Leben,
Die für entrißne Ruh mir einen Thron gegeben,
Auf dem ich, ungeliebt, durch Reue mich gequält,
Daß ich den Niedrigsten mir nicht zum Mann erwählt?
Sie reißt den Hauptschmuck ab, um stolz sich umzubringen,
Und eilt, ihr Diadem sich um den Hals zu schlingen;
Allein das schwache Band erfüllt ihr Wünschen nicht:
Es reißt, und weigert sich der so betrübten Pflicht.

O, ruft sie, Schmuck! den ich zu meiner
    Pein getragen,
Sogar den schlimmsten Dienst willst du
    mir noch versagen?
Sie wirft ihn vor sich hin, tritt voller
    Wut darauf,
Und gibt durch einen Dolch alsbald ihr
    Leben auf.

Der unsterbliche Autor.

Ein Autor schrieb sehr viele Bände,
Und ward das Wunder seiner Zeit;
Der Journalisten güt'ge Hände
Verehrten ihm die Ewigkeit.
Er sah, vor seinem sanften Ende,
Fast alle Werke seiner Hände,
Das sechstemal schon aufgelegt,
Und sich, mit tiefgelehrtem Blicke,
In einer spanischen Perücke
Vor jedes Titelblatt geprägt.
Er blieb vor Widersprechern sicher,
Und schrieb bis an den Tag, da ihn der
    Tod entseelt;
Und das Verzeichniß seiner Bücher,
Die kleinen Schriften mitgezählt,
Nahm an dem Lebenslauf allein
Drey Bogen und drey Seiten ein.

Man las nach dieses Mannes Tode
Die Schriften mit Bedachtsamkeit;

Und seht! das Wunder seiner Zeit
Kam in zehn Jahren aus der Mode,
Und seine göttliche Methode
Hieß eine bange Trockenheit.
Der Mann war bloß berühmt gewesen,
Weil Stümper ihn gelobt, eh Kenner ihn
      gelesen.

Berühmt zu werden ist nicht schwer!
Man darf nur viel für kleine Geister
      schreiben;
Doch bey der Nachwelt groß zu bleiben,
Dazu gehört noch etwas mehr,
Als, seicht am Geist, in strenger Lehrart
      schreiben.

Der grüne Esel.

Wie oft weiß nicht ein Narr durch
    thöricht Unternehmen
Viel tausend Thoren zu beschämen!

Neran, ein kluger Narr, färbt einen
    Esel grün,
Am Leibe grün, roth an den Beinen,
Fängt an mit ihm die Gassen durchzu-
    ziehn;
Er zieht, und jung und alt erscheinen.
Welch Wunder! rief die ganze Stadt,
Ein Esel, zeisiggrün, der rothe Füße hat!
Das muß die Chronik einst den Enkeln
    noch erzählen,
Was es zu unsrer Zeit für Wunderdinge
    gab!
Die Gassen wimmelten von Millionen
    Seelen;
Man hebt die Fenster aus, man deckt die
    Dächer ab;

Denn alles will den grünen Esel sehn,
Und alle konnten doch nicht mit dem Esel
    gehn.

Man lief die beiden ersten Tage
Dem Esel mit Bewundrung nach.
Der Kranke selbst vergaß der Krankheit
    Plage,
Wenn man vom grünen Esel sprach.
Die Kinder in den Schlaf zu bringen,
Sang keine Wärterinn mehr von dem
    schwarzen Schaf;
Vom grünen Esel hört man singen,
Und so geräth das Kind in Schlaf.

Drey Tage waren kaum vergangen,
So war es um den Werth des armen
    Thiers geschehn.
Das Volk bezeigte kein Verlangen,
Den grünen Esel mehr zu sehn;
Und so bewundernswerth er Anfangs al-
    len schien,
So dacht' itzt doch kein Mensch mit einer
    Sylb' an ihn.

Ein Ding mag noch so närrisch seyn,
Es sey nur neu, so nimmt's den Pöbel ein.

Er sieht, und er erstaunt. Kein Kluger
darf ihm wehren.
Drauf kömmt die Zeit, und denkt an ihre
Pflicht;
Denn sie versteht die Kunst, die Narren
zu bekehren,
Sie mögen wollen oder nicht.

Der baronisirte Bürger.

Des kargen Vaters stolzer Sohn
Ward, nach des Vaters Tod, Herr einer
Million,
Und für sein Geld in kurzer Zeit Baron.
Er nahm sich vor, ein großer Mann zu
werden,
Und ahmte, wenn ihm gleich der innre
Werth gebrach,
Doch die gebietrischen Geberden
Der Großen zuversichtlich nach.
Bald wünscht' er sich des Staatsmanns
Ehre,
Vertraut mit Fürsten umzugehn;
Bald wünscht' er sich das Glück, bereinst
vor einem Heere
Mit Lorbern des Eugens zu stehn:
Kurz, er blieb ungewiß, wo er mehr An-
sehn hätte,
Ob in dem Feld, ob in dem Cabinette.

Indessen war er doch Baron,
Und sein Verdienst, die Million,
Ließ sich, zu alles Volks Entzücken,
In Läufern und Heiducken blicken.
Er nahm die halbe Stadt in Sold,
Bedeckte sich und sein Gefolg mit Gold,
Und brüstete sich mehr in seiner Staats-
    carosse
Als die daran gespannten Rosse.

Er war der Schmeichler Märenat.
Ein Geck, der ihn gebückt um seine Gna-
    de bat,
Und alles, was sein Stolz begonnte,
Recht unverschämt bewundern konnte,
Der kam sogleich in jener Freunde Zahl,
In der man mit ihm aß, ihn lobt' und
    ihn bestahl,
Und, wenn man ihn betrog, zugleich ihn
    überredte,
Daß er des Argus Augen hätte.

Was braucht es mehr als Stolz und
    Unverstand,
Um Millionen durchzubringen?
Unsichrer ist kein Schatz als in des Jüng-
    lings Hand,

Den Wolluſt, Pracht und Stolz zu ihren
    Dienſten zwingen.
Der Herr Baron vergaß bey ſeinem groſ-
  ßen Schatz
Den Staatsmann und den Held, ward ſinn-
    reich im Verſchwenden,
Und ſah in kurzer Zeit ſein Gut in frem-
    den Händen;
Starb arm und unberühmt: kurz, er be-
    wies den Satz,
Daß Aeltern ihre Kinder haſſen,
Wofern ſie ihnen nichts als Reichthum
    hinterlaſſen.

Der arme Schiffer.

Ein armer Schiffer stack in Schulden,
Und klagte dem Philet sein Leid.
Herr! sprach er, leiht mir hundert Gulden;
Allein zu eurer Sicherheit
Hab' ich kein ander Pfand als meine Red=
      lichkeit.
Indessen leiht mir aus Erbarmen
Die hundert Gulden auf ein Jahr.

Philet, ein Retter in Gefahr,
Ein Vater vieler hundert Armen,
Zählt ihm das Geld mit Freuden bar.
Hier, spricht er, nimm es hin, und brauch'
      es ohne Sorgen;
Ich freue mich, daß ich dir dienen kann;
Du bist ein ordentlicher Mann,
Dem muß man ohne Handschrift borgen.

Ein Jahr, und noch ein Jahr verstreicht;

Kein Schiffer läßt sich wieder sehen.
Wie? sollt' er auch Phileten hintergehen
Und ein Betrüger seyn? Vielleicht.

Doch nein! Hier kömmt der Schiffer
gleich.
Herr! fängt er an, erfreuet euch!
Ich bin aus allen meinen Schulden;
Und seht! hier sind zwey hundert Gulden,
Die ich durch euer Geld gewann.
Ich bitt' euch herzlich, nehmt sie an;
Ihr seyd ein gar zu wackrer Mann.

O! spricht Philet, ich kann mich nicht
besinnen,
Daß ich dir jemals Geld geliehn.
Hier ist mein Rechnungsbuch, ich will's
zu Rathe ziehn;
Allein ich weiß es schon, du stehest nicht
darinnen.

Der Schiffer sieht ihn an, und schweigt
betroffen still,
Und kränkt sich, daß Philet das Geld nicht
nehmen will.
Er läuft, und kömmt mit voller Hand
zurücke.

Hier, spricht er, ist der Rest von meinem
                    ganzen Glücke,
Noch hundert Gulden! nehmt sie hin,
Und laßt mir nur das Lob, daß ich er=
                    kenntlich bin.
Ich bin vergnügt, ich habe keine Schulden;
Dieß Glücke dank' ich euch allein;
Und wollt ihr ja recht gütig seyn,
So leiht mir wieder funfzig Gulden.

Hier, spricht Philet, hier ist dein Geld!
Behalte deinen ganzen Segen:
Ein Mann, der Treu und Glauben hält,
Verdient ihn seiner Treue wegen.
Sey du mein Freund! Das Geld ist dein;
Es sind nicht mehr als hundert Gulden
                    mein,
Die sollen deinen Kindern seyn.

Mensch! mache dich verdient um An=
                    drer Wohlergehen;
Denn was ist göttlicher, als wenn du lieb=
                    reich bist,
Und mit Vergnügen eilst, dem Nächsten
                    beyzustehen,
Der, wenn er Großmuth sieht, großmü=
                    thig dankbar ist!

Das Schicksal.

O Mensch! was strebst du doch den Rath-
   schluß zu ergründen,
Nach welchem Gott die Welt regiert?
Mit endlicher Vernunft willst du die Ab-
   sicht finden,
Die der Unendliche bey seiner Schickung
   führt?
Du siehst bey Dingen, die geschehen,
Nie das Vergangne recht und auch die
   Folge nicht,
Und hoffest doch den Grund zu sehen,
Warum das, was geschah, geschicht?
Die Vorsicht ist gerecht in allen ihren
   Schlüssen.
Dieß siehst du freylich nicht bey allen Fäl-
   len ein;
Doch wolltest du den Grund von jeder
   Schickung wissen,
So müßtest du, was Gott ist, seyn.
Begnüge dich, die Absicht zu verehren,

Die du zu sehn zu blöd am Geiste bist,
Und laß dich hier ein jüdisch Beyspiel
lehren,
Daß das, was Gott verhängt, aus weisen
Gründen fließt,
Und, wenn dir's grausam scheint, gerech=
tes Schicksal ist.

Als Moses einst vor Gott auf einem
Berge trat,
Und ihn von jenem ew'gen Rath,
Der unser Schicksal lenkt, um größre
Kenntniß bat;
So ward ihm ein Befehl, er sollte von
den Höhen,
Worauf er stund, hinab ins Ebne sehen.
Hier floß ein klarer Quell. Ein reisender
Soldat
Stieg bey dem Quell von seinem Pferde,
Und trank. Kaum war der Reiter fort,
So lief ein Knabe von der Heerde
Nach einem Trunk an diesen Ort.
Er fand den Geldsack bey dem Quelle,
Der jenem hier entfiel; er nahm ihn und
entwich,
Worauf nach eben dieser Stelle
Ein Greis gebückt an seinem Stabe schlich.

Er trank, und setzte sich, um auszuruhen,
nieder;
Sein schweres Haupt sank zitternd in das
Gras,
Bis es im Schlaf des Alters Last vergaß.
Indessen kam der Reiter wieder,
Bedrohte diesen Greis mit wildem Un-
gestüm,
Und forderte sein Geld von ihm.

Der Alte schwört, er habe nichts ge-
funden;
Der Alte fleht und weint, der Reiter flucht
und droht,
Und sticht zuletzt, mit vielen Wunden,
Den armen Alten wütend todt.

Als Moses dieses sah, fiel er betrübt zur
Erden;
Doch eine Stimme rief: Hier kannst du
inne werden,
Wie in der Welt sich alles billig fügt;
Denn wiss': es hat der Greis, der itzt im
Blute liegt,
Des Knabens Vater einst erschlagen,
Der den verlornen Raub zuvor davon ge-
tragen.

Lisette.

Ein junges Weib, sie hieß Lisette,
Dieß Weibchen lag an Blattern blind.
Nun weiß man wohl, wie junge Weiber
   sind;
Drum durft' ihr Mann nicht von dem Bette,
So gern er sie verlassen hätte;
Denn laßt ein Weib schön wie Cytheren
   seyn,
Wenn sie die Blattern hat, so nimmt sie
   nicht mehr ein.
Hier sitzt der gute Mann zu seiner größten
   Pein,
Und muß des kranken Weibes pflegen,
Ihr Kissen oft zu rechte legen,
Und oft durch ein Gebet um ihre Besrung
   flehn;
Und gleichwohl war sie nicht mehr schön.
Ich hätt' ihn mögen beten sehn.

Der arme Mann! Ich weiß ihm nicht
zu rathen;
Vielleicht besinnt er sich, und thut, was
Andre thaten.

Ein krankes Weib braucht eine Wär=
terinn,
Und Lorchen ward dazu erlesen,
Weil ihr Lisettens Eigensinn
Vor andern längst bekannt gewesen.
Sie trat ihr Amt dienstfertig an,
Und wußte sich in allen Stücken
Gut in die kranke Frau zu schicken,
Und auch in den gesunden Mann.
Sie war besorgt, gefällig, jung und schön,
Und also ganz geschickt, mit beiden umzu=
gehn.

Was thut man nicht, um sich von Gram
und Pein,
Von langer Weile zu befreyn?
Der Mann sieht Lorchen an, und redt mit
ihr durch Blicke,
Weil er nicht anders reden darf;
Und jeder Blick, den er auf Lorchen warf,
Kam, wo nicht ganz, doch halb erhört
zurücke.

Ach, arme kranke Frau! es ist dein großes
 Glücke,
Daß du nicht sehen kannst; dein Mann
 thut recht galant;
Dein Mann, ich wollte viel drauf wet-
 ten,
Hat Lorchen schon vorher gekannt,
Und sie mit Fleiß zur Wärterinn ernannt.
Ja, wenn sie bloß durch Blicke redten,
So möcht' es endlich wohl noch gehn;
Allein bald wird man sie einander küssen
 sehn.
Er kömmt, und klopft sie in den Nacken,
Und kneipt sie in die vollen Backen;
Sie wehrt sich ganz bequem, bequem wie
 eine Braut,
Und findet bald für gut, sich weiter nicht
 zu wehren.
Sie küssen sich recht zärtlich und vertraut;
Allein sie küßten gar zu laut.
Wie konnt' es anders seyn? Lisette mußt' es
 hören.
Sie hört's und fragt: Was schallt so hell?
"Madam, Madam! ruft Lorchen schnell,
Es ist ihr Herr: er ächzt vor großem
 Schmerz,
Und will sich nicht zufrieden geben."

Ach! spricht sie, lieber Mann, wie redlich
meint's dein Herz!
O, gräme dich doch nicht! ich bin ja noch
am Leben.

Die Verschwiegenheit.

O Doris! wärst du nur verschwiegen,
So wollt' ich dir etwas gestehn:
Ein Glück, ein ungemein Vergnügen....
Doch nein, ich schweige, sprach Tiren.
„Wie? rief die schöne Schäferinn,
Du zweifelst noch, ob ich verschwiegen bin?
Du kannst mir's sicher offenbaren:
Ich schwör', es soll's kein Mensch erfahren."

Du kennst, versetzt Tiren, die spröde
    Silvia,
Die schüchtern vor mir floh, so oft sie
    mich sonst sah.
Ich komme gleich von dieser kleinen Spröden;
Doch ach! ich darf nicht weiter reden.
Nein, Doris, nein, es geht nicht an:
Es wär' um ihre Gunst und um mein
    Glück gethan,
Wenn Silvia bereinst erführe,
Daß.... bringe nicht in mich, ich halte
    meine Schwüre.

„So liebt sie dich?" fuhr Doris fort.
Ja wohl; doch sage ja kein Wort!
Ich hab' ihr Herz nun völlig eingenommen,
Und itzt von ihr den ersten Kuß bekom=
 men.
Tiren, sprach sie zu mir, mein Herz sey
 ewig dein;
Doch eines bitt' ich dich, du mußt verschwie=
 gen seyn.
Daß wir uns günstig sind, uns treu und
 zärtlich küssen,
Braucht niemand auf der Flur, als ich
 und du, zu wissen.
Drum bitt' ich, Doris, schweige ja!
Sonst flieht und haßt mich Silvia.

Die kleine Doris geht. Doch wird auch
 Doris schweigen?
Ja, die Verschwiegenheit ist allen Schö=
 nen eigen.
Gesetzt, daß Doris auch es dem Damöt
 vertraut;
Was ist es denn nun mehr? Sie sagt es
 ja nicht laut.

Ihr Schäfer, ihr Damöt, kömmt ihr
 verliebt entgegen,

Drückt ihre weiche Hand, und fragt,
Was ihr sein Freund, Tiren, gesagt.

Damöt! du weißt ja wohl, was wir zu
   reden pflegen,
Du kennst den ehrlichen Tiren;
Es war nichts Wichtiges, sonst würd' ich
   dir's gestehn.
Er sagte mir.... Verlang' es nicht zu wissen;
Ich hab' es ihm versprechen müssen,
Daß ich zeitlebens schweigen will.

Damöt wird traurig, schweiget still,
Umarmt sein Kind, doch nur mit halbem
   Feuer.
Die Schäferinn erschrickt, daß sie Damö-
   tens Kuß
So unvollkommen schmecken muß.
Du zürnest, ruft sie, mein Getreuer?
O, zürne nicht, ich will es dir gestehn:
Die spröde Silvia ergibt sich dem Tiren,
Und hat ihm itzt, in ihrem Leben,
Den allerersten Kuß gegeben;
Allein du mußt verschwiegen seyn.

Damöt verspricht's. Kaum ist Damöt
   allein,

So fühlt er schon die größte Pein,
Sein neu Geheimniß zu bewahren.
Ja, fängt Damöt zu singen an:
Ich will es keinem offenbaren,
Daß Silvia Tirenen liebt,
Ihm Küsse nimmt, und Küsse gibt;
Du, stummer Busch, nur sollst's erfahren,
Wen Silvia verstohlen liebt.

Doch ach! in diesem Busch war unsre
    Silvia,
Die sich durch dieses Lied beschämt verra-
    then sah,
Und eine Heimlichkeit so laut erfahren
    mußte,
Die ihrer Meinung nach nur ihr Ge-
    liebter wußte.
Sie läuft, und sucht den Schwätzer, den
    Tiren.
Ach, Schäfer, ach! wie wird dir's gehn!
Mich, fängt sie an, so zu betrüben!
Dich, Plaudrer, sollt' ich länger lieben?

Und kurz: Tiren verliert die schöne Schä-
    ferinn,
Und kömmt, Damöten anzuklagen.
Ja, spricht Damöt, ich muß es selber sagen,

Daß ich nicht wenig strafbar bin;
Allein, wie kannst du mich den größten
    Schwätzer nennen?
Du hast ja selbst nicht schweigen können!

Die junge Ente.

Die Henne führt der Jungen Schar,
Worunter auch ein Entchen war,
Das sie zugleich mit ausgebrütet.
Der Zug soll in den Garten gehn;
Die Alte gibt's der Brut durch Locken zu
    verstehn,
Und jedes folgt, so bald sie nur gebietet;
Denn sie gebot mit Zärtlichkeit.

  Die Ente wackelt mit; allein nicht gar
    zu weit.
Sie sieht den Teich, den sie noch nicht
    gesehen;
Sie läuft hinein, sie badet sich.
Wie, kleines Thier, du schwimmst? Wer
    lehrt' es dich?
Wer hieß dich in das Wasser gehen?
Wirst du so jung das Schwimmen schon
    verstehen?

Die Henne läuft mit strupfigtem Gefieder
Das Ufer zehnmal auf und nieder,
Und will ihr Kind aus der Gefahr be=
	freyn;
Setzt zehnmal an, und fliegt doch nicht
	hinein;
Denn die Natur heißt sie das Wasser
	scheun.
Doch nichts erschreckt den Muth der Ente;
Sie schwimmt beherzt in ihrem Elemente,
Und fragt die Henne ganz erfreut,
Warum sie denn so ängstlich schreyt?

Was dir Entsetzen bringt, bringt je=
	nem oft Vergnügen:
Der kann mit Lust zu Felde liegen,
Und dich erschreckt der bloße Name Held:
Der schwimmt beherzt auf offnen Meeren,
Du zitterst schon auf angebundnen Fähren,
Und siehst den Untergang der Welt.
Befürchte nichts für dessen Leben,
Der kühne Thaten unternimmt:
Wen die Natur zu der Gefahr bestimmt,
Dem hat sie auch den Muth zu der Ge=
	fahr gegeben.

Die kranke Frau.

Wer kennt die Zahl von so viel bösen
    Dingen,
Die uns um die Gesundheit bringen!
Doch nöthig ist's, daß man sie kennen lernt.
Je mehr wir solcher Quellen wissen,
Woraus Gefahr und Unheil fließen,
Um desto leichter wird das Übel selbst ent-
    fernt.

Des Mannes theurer Zeitvertreib,
Sulpicia, ein schönes junges Weib,
Ging munter zum Besuch, krank aber kam
    sie wieder,
Und fiel halb tobt aufs Ruhebette nieder.
Sie röchelt: Wie? vergißt ihr Blut den
    Lauf?
Geschwind löst ihr die Schnürbrust auf!
Geschwind! doch läßt sich dieß erzwingen?
Sechs Hände waren zwar bereit;

Doch eine Frau aus ihrem Staat zu
bringen,
Wie viel erfordert dieß nicht Zeit!

Der arme Mann schwimmt ganz in
Thränen;
Mit Recht bestürzt ihn diese Noth.
Zu früh ist's, nach der Gattinn Tod
Im ersten Jahre sich zu sehnen.
Er schickt nach einem Arzt. Ein junger
Äskulap
Erscheint sogleich in vollem Trab,
Und setzt sich vor das Krankenbette,
Vor dem er sich so eine Miene gab,
Als ob er für den Tod ein sichres Mittel
hätte.
Er fragt den Puls; und da er ihn gefragt,
Schlägt er im Geiste nach, was sein Re-
ceptbuch sagt,
Und läßt, die Krankheit zu verbringen,
Sich eilends Dint' und Feder bringen.

Er schreibt. Der Diener läuft. Indessen
ruft der Mann
Den so erfahrnen Arzt bey Seite,
Und fragt, was doch der Zufall wohl be-
deute.

Der Doctor sieht ihn lächelnd an:
„Sie fragen mich, was es bedeuten kann?
Das brauch' ich Ihnen nicht zu sagen;
Sie wissen schon, es zeigt viel Gutes an,
Wenn sich die jungen Weiber klagen."

Den Mann erfreut ein solcher Unterricht.
Die Nacht verstreicht, der Trank ist ein-
 genommen;
Allein der theure Trank hilft nicht,
Drum muß der zweyte Doctor kommen.

Er kömmt. Geduld! Nun werden wir's
 erfahren.
Was ist's? was fehlt der schönen Frau?
Der Doctor sieht es ganz genau,
Daß sich die Blattern offenbaren.

Sulpicia! erst sollst du schwanger seyn?
Nun sollst du gar die Blattern kriegen?
Ihr Ärzte schweigt, und gebt ihr gar nichts
 ein;
Denn einer muß sich doch betrügen.
Nein, überlaßt sie der Natur
Und dem ihr so getreuen Bette;
Gesetzt, daß sie die schlimmste Krankheit hätte,
So ist sie nicht so schlimm als eure Cur.

Geduld! Vielleicht geneſt ſie heute.
Der Mann kömmt nicht von ihrer Seite,
Und eh die Stunde halb verfließt,
Fragt er ſie hundertmal, ob's noch nicht
    beſſer iſt.
Ach, ungeſtümer Mann, du nöthigſt ſie
    zum Sprechen!
Wie wird ſie nicht das Reden ſchwächen!
Sie ſpricht ja mit gebrochnem Ton,
Und an der Sprache hörſt du ſchon,
Daß ſich die Schmerzen ſtets vergrößern.
Bald wird es ſich mit deiner Gattinn
    beſſern!
Der Tod, der Tod bringt ſchon herein,
Sie von der Marter zu befreyn!

Wer pocht? Es wird der Doctor ſeyn;
Doch nein, der Schneider kömmt; und
    bringt ein Kleid getragen.
Sulpicia fängt an die Augen aufzu-
    ſchlagen.
Er kömmt, ſo ſtammelt ſie, er kömmt zu
    rechter Zeit;
Iſt dieß vielleicht mein Sterbekleid?
Ja, wie er ſieht, ſo werd' ich bald erblaſſen;
Doch hätte mich der Himmel leben laſſen,
So hätt' ich mir ein ſolches Kleid beſtellt,

Von solchem Stoff, als er, er wird's
        schon wissen,
Für meine Freundinn machen müssen;
Es ist nichts schöners auf der Welt.
Als ich zuletzt Besuch gegeben,
So trug sie dieses neue Kleid;
Doch geh' er nur. O kurzes Leben!
Es ist doch alles Eitelkeit!

  O, fasse dich, betrübter Mann!
Du hörst ja, daß dein Weib noch ziemlich
        reden kann.
O, laß die Hoffnung nicht verschwinden!
Der Athem wird sich wieder finden.

  Der Schneider geht, der Mann beglei-
        tet ihn;
Sie reden heimlich vor der Thüre.
Der Schneider thut die größten Schwüre,
Und eilt, die Sache zu vollziehn.

  Noch vor dem Abend kömmt er wieder.
Sulpicia liegt noch darnieder,
Und dankt ihm seufzend für den Gruß;
Allein wer sagt, was doch der Schneider
        bringen muß.
Er hat es in ein Tuch geschlagen;

Er wickelt's aus. O welche Seltenheit!
Dieß ist der Stoff, dieß ist das reiche Kleid;
Allein was soll es ihr? Sie kann es ja
        nicht tragen.

Ach Engel! spricht der Mann, bey sanf=
        tem Händedrücken,
Mein ganz Vermögen gäb' ich hin,
Könnt' ich dich nur gesund in diesem
        Schmuck erblicken.
„O! fängt sie an, so krank ich bin,
So kann ich ihnen doch, mein Liebster,
        nichts versagen.
Ich will mich aus dem Bette wagen;
So können Sie noch heute sehn,
Wie mir das neue Kleid wird stehn."

Man bringt den Schirm, und sie ver=
        läßt das Bette,
So schwach, als ob sie schon ein Jahr ge=
        legen hätte.
Man putzt sie an, geputzt trinkt sie Kaffee.
Kein Finger thut ihr weiter weh.
Der Krankheit Grund war bloß ein Kleid
        gewesen;
Und durch das Kleid muß sie genesen.
So heilt des Schneiders kluge Hand
Ein Übel, das kein Arzt gekannt!

Der gute Rath.

Ein junger Mensch, der sich vermählen
   wollte,
Und dem man manchen Vorschlag that,
Bat einen Greis um einen guten Rath,
Was für ein Weib er nehmen sollte.

"Freund, sprach der Greis, das weiß ich
   nicht.
So gut man wählt, kann man sich doch
   betrügen.
Sucht ihr ein Weib bloß zum Vergnügen,
So wählet euch ein schön Gesicht;
Doch liegt euch mehr an Renten und am
   Staate
Als am verliebten Zeitvertreib,
So dien' ich euch mit einem andern Rathe:
Bemüht euch um ein reiches Weib:
Doch strebt ihr durch die Frau nach ei-
   nem hohen Range,
Nun so vergeßt, daß beßre Mädchen sind:

Wählt eines großen Mannes Kind,
Und untersucht die Wahl nicht lange;
Doch wollt ihr mehr für eure Seele
wählen
Als für die Sinnen und den Leib,
So wagt's, um euch nach Wunsche zu
vermählen,
Und wählt euch ein gelehrtes Weib."
Hier schwieg der Alte lachend still.

Ach! sprach der junge Mensch, das will
ich ja nicht wissen;
Ich frage, welches Weib ich werde wäh-
len müssen,
Wenn ich zufrieden leben will,
Und wenn ich, ohne mich zu grämen....

„O! fiel der Greis ihm ein, da müßt ihr
keine nehmen."

Die beiden Mädchen.

Zwey junge Mädchen hofften beide....
Worauf? Gewiß auf einen Mann;
Denn dieß ist doch die größte Freude,
Auf die ein Mädchen hoffen kann.
Die jüngste Schwester, Philippine,
War nicht unordentlich gebaut;
Sie hatt' ein rund Gesicht und eine zar=
te Haut,
Doch eine sehr gezwungne Miene.
So fest geschnürt sie immer ging,
So viel sie Schmuck ins Ohr und vor
den Busen hing,
So schön sie auch ihr Haar zusammen
rollte;
So ward sie doch bey alle dem,
Je mehr man sah, daß sie gefallen wollte,
Um desto minder angenehm.

Die andre Schwester, Karoline,
War im Gesichte nicht so zart,

Doch frey und reizend in der Miene,
Und liebreich mit gelaßner Art;
Und wenn man auf den heitern Wangen
Gleich kleine Sommerflecken fand,
Ward ihrem Reiz doch nichts dadurch ent=
  wandt,
Und selbst ihr Reiz schien solche zu ver=
  langen.
Sie putzte sich nicht mühsam aus,
Sie pralte nicht mit theuren Kostbarkeiten.
Ein artig Band, ein frischer Strauß,
Die über ihren Ort, den sie erlangt, sich
  freuten,
Und eine nach dem Leib wohl abgemeßne
  Tracht,
War Karolinens ganze Pracht.

Ein Freyer kam; man wies ihm Philip=
  pinen;
Er sah sie an, erstaunt', und hieß sie schön;
Allein sein Herz blieb frey, er wollte wie=
  der gehn;
Kaum aber sah er Karolinen,
So blieb er vor Entzückung stehn.

Im Bilde dieser Frauenzimmer
Zeigt sich die Kunst und die Natur:

Die erste pralt mit weit gesuchtem Schim-
   mer,
Sie fesselt nicht, sie blendet nur;
Die andre sucht durch Einfalt zu gefallen,
Läßt sich bescheiden sehn, und so gefällt sie
   allen.

Der Maler.

Ein kluger Maler in Athen,
Der minder weil man ihn bezahlte,
Als weil er Ehre suchte, malte,
Ließ einen Kenner einst den Mars im Bil=
  de sehn,
Und bat sich seine Meinung aus.
Der Kenner sagt' ihm frey heraus,
Daß ihm das Bild nicht ganz gefallen
  wollte,
Und daß es, um recht schön zu seyn,
Weit minder Kunst verrathen sollte.
Der Maler wandte vieles ein;
Der Kenner stritt mit ihm aus Gründen,
Und konnt' ihn doch nicht überwinden.

Gleich trat ein junger Geck herein,
Und nahm das Bild in Augenschein.
O! rief er bey dem ersten Blicke,
Ihr Götter, welch ein Meisterstücke!
Ach welcher Fuß! O, wie geschickt

Sind nicht die Nägel ausgedrückt!
Mars lebt durchaus in diesem Bilde.
Wie viele Kunst, wie viele Pracht
Ist in dem Helm, und in dem Schilde,
Und in der Rüstung angebracht!

   Der Maler ward beschämt gerühret,
Und sah den Kenner kläglich an.
Nun, sprach er, bin ich überführet!
Ihr habt mir nicht zu viel gethan.
Der junge Geck war kaum hinaus,
So strich er seinen Kriegsgott aus.

Wenn deine Schrift dem Kenner nicht
     gefällt,
So ist es schon ein böses Zeichen;
Doch wenn sie gar des Narren Lob erhält,
So ist es Zeit, sie auszustreichen.

Die beiden Schwalben.

Zwo Schwalben sangen um die Wette,
Und sangen mit dem größten Fleiß;
Doch wenn die eine schrie, daß sie den
        Vorzug hätte,
Gab doch die andre sich den Preis.
Die Lerche kömmt. Sie soll den Streit
        entscheiden;
Und beide stimmen herzhaft an.
Nun, hieß es: Sprich, wer von uns beiden
Am meisterlichsten singen kann?
„Das weiß ich nicht", sprach sie bescheiden,
Und sah sie ganz mitleidig an,
Und wollte sich nach ihrer Höhe schwingen.
Doch nein, sie suchten ihr den Ausspruch
        abzuzwingen.
„So, sprach sie, will ich's denn gestehn:
Die kann so gut, wie jene, singen;
Doch singt, so lang ihr wollt, es singt doch
        keine schön.
Hört man das Lied geistreicher Nachtigallen,
So kann uns eures nicht gefallen."

Ihr mittelmäßigen Scribenten,
O, wenn wir euch doch friedsam machen
könnten!
Ihr zankt, wer besser denkt? Laßt keinen
Streit entstehn.
Wir wollen keinen von euch kränken;
Der eine kann so gut, wie jener, denken;
Doch keiner von euch denket schön.
Ihr Schwätzer, zankt nicht um die Gaben
Der geistlichen Beredsamkeit;
So lange wir Mosheime haben,
So sehn wir ohne Schwierigkeit,
Daß ihr beredte Kinder seyd.
Zankt nicht um eure hohen Gaben,
Ihr Gründlichen, o, bleibt in Ruh!
Du demonstrirst wie er, und er so fein
wie du;
Allein so lange wir Leibnitze vor uns haben,
So hört euch keine Seele zu.
O, zankt nicht um des Phöbus Gaben,
Reimreiche Sänger unsrer Zeit!
Ihr alle reimt mit gleicher Fertigkeit;
Allein so lange wir noch Hagedorne haben,
So denkt man nicht daran, daß ihr zuge-
gen seyd.

Das Unglück der Weiber.

In eine Stadt, mich deucht, sie lag
    in Griechenland,
Drang einst der Feind, von Wuth ent=
    brannt,
Und wollte, weil die Stadt mit Sturm
    erobert worden,
Die Bürger, in der Raserey,
Bis auf den letzten Mann ermorden.
O Himmel! welch ein Angstgeschrey
Erregten nicht der Weiber blasse Scharen!
Man stelle sich nur vor, wenn tausend
    Weiber schreyn,
Was muß das für ein Lermen seyn!
Ich zittre schon, wenn zwey nur schrehn.

Sie liefen mit zerstreuten Haaren,
Mit Augen, die von Thränen roth,
Mit Händen, die zerrungen waren,
Und warfen schon, vor Angst halb todt,
Sich vor den Feldherrn der Barbaren,

Und flehten in gemeiner Noth
Ihn insgesammt um ihrer Männer Leben.
So hat's von tausenden nicht Eine Frau
        gegeben,
Die sich gewünscht, des Mannes los zu
        seyn?
Von tausenden nicht Eine? Nein.
Nun, das ist viel; da muß, bey meinem
        Leben!
Noch gute Zeit gewesen seyn.

  So hart, als auch der Feldherr war,
So konnt' er doch dem zauberischen Flehen
Der Weiber nicht ganz widerstehen;
Denn welchen Mann, er sey auch zehn-
        mal ein Barbar,
Weiß nicht ein Weib durch Thränen zu
        bewegen?
Mein ganzes Herz fängt sich hier an zu
        regen.
Ich hätte nicht der General seyn mögen,
Vor dem der Weiber Schar so kläglich
        sich vereint;
Ich hätte wie ein Kind geweint,
Und ohne Geld den Männern gleich das
        Leben,
Und jeder Frau zu ihrer Ruh

Den Mann, und Einen noch dazu,
Wenn sie's von mir verlangt, gegeben.

Allein so gar gelind war dieser Feldherr
nicht.
Ihr Schönen! fängt er an und spricht....
Ihr Schönen? Dieses glaub' ich nicht:
Ein harter General wird nicht so lieb-
reich sprechen.
Was willst du dir den Kopf zerbrechen?
Genug! er hat's gesagt. Ein alter Ge-
neral
Hat, dächt' ich, doch wohl wissen können,
Daß man die Weiber allemal,
Sie seyn es oder nicht, kann meine Schö-
nen nennen.

Ihr Schönen, sprach der General,
Ich schenk' euch eurer Männer Leben;
Doch jede muß für den Gemahl
Mir gleich ihr ganz Geschmeide geben;
Und die ein Stück zurück behält,
Verliert den Mann vor diesem Zelt.

Wie? fingen nicht die Weiber an zu
beben?
Ihr ganz Geschmeide hinzugeben?

Den ganzen Schmuck für einen Mann?
Gewiß, der General war dennoch ein
          Tyrann.
Was half's, daß er: Ihr Schönen! sagte,
Da er die Schönen doch so plagte?
Doch weit gefehlt, daß auch nur Eine
          zagte,
So holten sie vielmehr mit Freuden ihren
          Schmuck.
Dem General war dieß noch nicht genug;
Er ließ nicht eh nach ihren Männern
          schicken,
Als bis sie einen Eid gethan,
(Der General war selbst ein Ehemann)
Bis, sag' ich, sie den Eid gethan,
Den Männern nie die Wohlthat vorzurü-
          cken,
Noch einen neuen Schmuck den Männern
          abzudrücken.
Drauf kriegte jede Frau den Mann.

O welche Wollust! Welch Entzücken!
Vergebens wünsch' ich's auszudrücken,
Mit welcher Brünstigkeit die Frau den
          Mann umfing!
Mit was für sehnsuchtsvollen Blicken
Ihr Aug' an seinem Auge hing!

Der Feind verließ die Stadt. Die Wei=
ber blieben stehen,
Um ihren Feinden nachzusehen;
Alsdann flog jede froh mit ihrem Mann
ins Haus.
Ist die Geschichte denn nun aus?
Noch nicht, mein Freund! Nach wenig
Tagen
Entfiel den Weibern aller Muth.
Sie grämten sich, und durften's doch nicht
sagen.
Wer wird's, den Eid zu brechen, wagen?
Genug, der Kummer trat ins Blut.
Sie legten sich; drauf starben in zehn Ta=
gen,
Des Lebens müd' und satt, neun hundert
an der Zahl.
Der alte böse General!

Der sterbende Vater.

Ein Vater hinterließ zween Erben,
Christophen, der war klug, und Görgen,
　　　　der war dumm.
Sein Ende kam, und kurz vor seinem
　　　　Sterben
Sah er sich ganz betrübt nach seinem Chri-
　　　　stoph um.
„Sohn! fing er an, mich quält ein trauri-
　　　　ger Gedanke;
Du hast Verstand, wie wird dir's künftig
　　　　gehn?
Hör' an, ich hab' in meinem Schranke
Ein Kästchen mit Juwelen stehn,
Die sollen dein. Nimm sie, mein Sohn,
Und gib dem Bruder nichts davon."

Der Sohn erschrak und stutzte lange.
Ach Vater! hub er an, wenn ich so viel
　　　　empfange,

Wie kömmt alsdann mein Bruder fort?
„Er? fiel der Vater ihm ins Wort,
Für Görgen ist mir gar nicht bange,
Der kömmt gewiß durch seine Dummheit
fort."

Der junge Drescher.

Dem Drescher, der im weichen Gras
Vor seinem Topf mit Milch und schwar=
zem Brote saß,
Dem wollte seine Milch nicht schmecken.
Er fing verdrießlich an sich in das Gras
zu strecken,
Dacht' ängstlich seinem Schicksal nach,
Und dehnte sich dreymal, und sprach:
Du bist ein schlechter Kerl, du hast kein
eignes Dach,
Und mußt dich Tag vor Tag mit deinem
Flegel plagen!
Du thätst ja gern mit deinem Schatze schön;
Allein, du Narr, mußt in der Scheune
stehn,
Und kannst nach langen vierzehn Tagen
Kaum einmal in die Schenke gehn,
Und einen Krug mit Bier und deine Mie=
ke sehn.
Du bist noch jung, und kannst hübsch le=
sen und hübsch schreiben,

Und wollteſt ſtets ein Dreſcher bleiben?
Des Schulzens Tochter iſt dir gut,
Iſt reich, und kann ſich hübſch geberden;
So nimm ſie doch. Du kannſt, mein Blut!
Wohl mit der Zeit noch Schulze werden:
Alsdann ißt du dein Stücke Fleiſch in Ruh,
Und trinkſt dein gutes Bier dazu,
Und haſt gleich nach dem Pfarr die Ehre...
O! wenn ich doch ſchon Schulze wäre!

Indem Hanns noch ſo ſprach, kam ſeine
    Schöne her.
Sie that, als käme ſie nur ſo von ungefähr;
Allein ſie kam mit Fleiß, weil ſie ihn ſpre-
    chen wollte,
Und er verwegen ſeyn, und ſie recht her-
    zen ſollte:
Denn Mädchen, wenn ſie gleich das Dorf
    erzogen hat,
Sind wie die Mädchen in der Stadt.

Hanns zieht die Schöne ſanft zu ſich ins
    Grüne nieder,
Lobt ihren neuen Latz, ſchielt öfters auf
    ihr Mieder
Faſt wie ein junger Herr, nur mit dem
    Unterſcheid,

Er hatte mehr Schamhaftigkeit.
Kurz, er fing an sie recht verliebt zu
küssen,
Bat um ihr Herz, und trug ihr Herz davon,
Und ward, wie viele noch auf diesem Dorfe
wissen,
Des reichen Schulzen Schwiegersohn.
Kaum hatt' er sie, so ward der Alte schon
Durch schnellen Tod der Welt und seinem
Dorf entrissen.
Wen wird man nun Herr Schulze grüssen?
Wen anders als den Schwiegersohn?

Er eilt ins Amt, kömmt bald und freudig wieder,
Und wirft sich auf die Bank als Schulz
im Dorfe nieder.

So wie ein durch den Fleiß vollendeter
Student,
Nach einem glücklichen Examen,
Sich selbst vor trunkner Lust nicht kennt,
Wenn ihn die Magd in seiner Schöne
Namen,
Nach einem tiefen Compliment,
Das erstemal Herr Doctor nennt:
So mußt' auch Hanns vor großer Freude

Nicht, wo er Händ' und Füße ließ,
Als ihn Schulmeisters Adelheide
Das erstemal Herr Schulze hieß.

 Wie glücklich pries er sich in seiner Eh-
   renstelle!
Er aß sein Fleisch, und that den Gästen
   oft Bescheid;
Allein es kamen mit der Zeit
Auch viel unangenehme Fälle;
Denn welches Amt ist wohl davon be-
   freyt?
Nach einer nicht gar langen Zeit
Warf sich Herr Hanns verdrießlich auf die
   Stelle,
Auf der er sich sein Glück erfreyt,
Und oft gewünscht: „Wenn ich doch Schul-
   ze wäre!"
Ich, fing er zu sich selber an,
Ich habe Haus und Hof und Ehre,
Und bin mit alle dem doch ein geplagter
   Mann.
Bald soll ich von der Bauern Leben
Im Amte Red' und Antwort geben;
Da fährt mich denn der Amtmann an,
Und heißt mich einen dummen Mann.
Bald quälen mich die teuflischen Soldaten,

Und fluchen mir die Ohren voll;
Bald weiß ich mir bey den Mandaten,
Bald in Quatembern nicht zu rathen,
Die ich dem Landknecht schaffen soll.
Die Bauern brummen, wenn ich strafe;
Und straf' ich nicht, so lachen sie mich aus.
Sonst störte mich kein Mensch im Schlafe;
Itzt pocht mich jeder Narr heraus,
Und wenn es niemand thut, so hunzt die
           Frau mich aus.
O, wäre mir's nur keine Schande,
Ich griffe nach dem ersten Stande,
Und stürb' als Drescher auf dem Lande!

Wer weiß, ob mancher Große nicht
Im Herzen wie der Schulze spricht?
Wer weiß, wie viele sonst zu Fuße ruhig
           waren,
Die itzund mißvergnügt in stolzen Kutschen
           fahren?
Wer weiß, ob manches Herz nicht viel zu-
           friedner schlug,
Eh es der Fürsten Gunst an einem Ban-
           de trug?
O lernt, ihr unzufriednen Kleinen,

Daß ihr die Ruh nicht durch den Stand
gewinnt!
Lernt doch, daß die am mindsten glücklich
sind,
Die euch am meisten glücklich scheinen!

Die glückliche Ehe.

Gedankt sey es dem Gott der Ehen!
Was ich gewünscht, hab' ich gesehen:
Ich sah ein recht zufriednes Paar—
Ein Paar, das ohne Gram und Reue,
Bey gleicher Lieb' und gleicher Treue,
In kluger Ehe glücklich war.

Ein Wille lenkte hier zwo Seelen.
Was sie gewählt, pflegt' er zu wählen;
Was er verwarf, verwarf auch sie.
Ein Fall, wo Andre sich betrübten,
Stört' ihre Ruhe nie. Sie liebten,
Und fühlten nicht des Lebens Müh.

Da ihn kein Eigensinn verführte,
Und sie kein eitler Stolz regierte;
So herrschte weder sie noch er.
Sie herrschten, aber bloß mit Bitten;
Sie stritten, aber wenn sie stritten,
Kam bloß ihr Streit aus Eintracht her.

So wie wir, eh wir uns vermählen,
Uns unsre Fehler klug verheelen,
Uns falsch aus Liebe hintergehn:
So ließen sie, auch in den Zeiten
Der zärtlichsten Vertraulichkeiten,
Sich nie die kleinsten Fehler sehn.

Der letzte Tag in ihrem Bunde,
Der letzte Kuß von ihrem Munde
Nahm wie der erste sie noch ein.
Sie starben. Wenn?... Wie kannst du fragen?
Acht Tage nach den Hochzeittagen,
Sonst würden dieß nur Fabeln seyn.

Die beiden Wächter.

Zween Wächter, die schon manche Nacht
Die liebe Stadt getreu bewacht,
Verfolgten sich aus aller Macht
Auf allen Bier- und Branntweinbänken,
Und ruhten nicht, mit pöbelhaften Ränken
Einander bis aufs Blut zu kränken;
Denn keiner brannte von dem Spahn,
Woran der Andre sich den Tabak ange=
        zündet,
Aus Haß den seinen jemals an:
Kurz, jeden Schimpf, den nur die Rach'
        erfindet,
Den Feinde noch den Feinden angethan,
Den thaten sie einander an;
Und jeder wollte bloß den andern überleben,
Um noch im Sarg ihm einen Stoß zu geben.

Man rieth, und wußte lange nicht,
Warum sie solche Feinde waren;
Doch endlich kam die Sache vor Gericht,

Da mußte sich's denn offenbaren,
Warum sie, seit so vielen Jahren,
So heidnisch unversöhnlich waren.
Was war der Grund? Der Brotneid! War
    er's nicht?
Nein. Dieser sang: Verwahrt das
    Feuer und das Licht;
Allein so sang der Andre nicht.
Er sang: Bewahrt das Feuer und das
    Licht!
Aus dieser so verschiednen Art,
An die sich beid' im Singen zänkisch bauden,
Aus dem verwahrt, und dem be-
    wahrt,
War Spott, Verachtung, Haß, und Rach';
    und Wut entstanden.

Die Wächter, hör' ich viele schreyn,
Verfolgten sich um solche Kleinigkeiten?
Das mußten große Narren seyn.
Ihr Herren, stellt die Reden ein,
Ihr könntet sonst unglücklich seyn!
Wißt ihr denn nichts von so viel großen
    Leuten,
Die in gelehrten Streitigkeiten
Um Sylben, die gleich viel bedeuten,
Sich mit der größten Wut entzweyten?

Das Kutschpferd.

Ein Kutschpferd sah den Gaul den Pflug
          im Acker ziehn,
Und wieherte mit Stolz auf ihn.
Wenn, sprach es, und fing an die Schen-
          kel schön zu heben,
Wenn kanust du dir ein solches Ansehn
          geben?
Und wenn bewundert dich die Welt?
„Schweig, rief der Gaul, und laß mich
          ruhig pflügen;
Denn baute nicht mein Fleiß das Feld,
Wo würdest du den Haber kriegen,
Der deiner Schenkel Stolz erhält?"

Die ihr die Niedern so verachtet,
Vornehme Müßiggänger, wißt,
Daß selbst der Stolz, mit dem ihr sie be-
          trachtet,
Daß euer Vorzug selbst, aus dem ihr sie
          verachtet,

Auf ihren Fleiß gegründet ist.
Ist der, der sich und euch durch seine Händ'
  ernährt,
Nichts Beßers als Verachtung werth?
Gesetzt, du hättest beßre Sitten,
So ist der Vorzug doch nicht dein;
Denn stammtest du aus ihren Hütten,
So hättest du auch ihre Sitten;
Und was du bist, und mehr, das würden
  sie auch seyn,
Wenn sie wie du erzogen wären:
Dich kann die Welt sehr leicht, ihn aber
  nicht entbehren.

Die Fliege.

Daß alle Thiere denken können,
Dieß scheint mir ausgemacht zu seyn.
Ein Mann, den auch die Kinder witzig
    nennen,
Aesopus hat's gesagt, Fontaine stimmt mit
    ein.
Wer wird auch so mißgünstig seyn,
Und Thieren nicht dieß kleine Glücke gön=
    nen,
Aus dem die Welt so wenig macht?
Denk' oder denke nicht, darauf gibt nie=
    mand acht.

In einem Tempel voller Pracht,
Aus dem die Kunst mit ew'gem Stolze
    blickte,
Dich schnell zum Beyfall zwang, und gleich
    dafür entzückte,
Und wenn sie dich durch Schmuck bestürzt
    gemacht,

Mit edler Einfalt schön dich wieder zu dir
brachte.
In diesem Bau voll Ordnung und voll
Pracht
Saß eine finstre Flieg' auf einem Stein,
und dachte;
Denn daß die Fliegen stets aus finstern
Augen sehn,
Und oft den Kopf mit einem Beine halten,
Und oft die flache Stirne falten,
Kömmt bloß daher, weil sie so viel ver-
stehn,
Und auf den Grund der Sachen gehn.
So saß auch hier die weise Fliege.
Ein halbes Dutzend ernste Züge
Verfinsterten ihr Angesicht.
Sie denkt tiefsinnig nach, und spricht:
Woher ist dieß Gebäud' entstanden?
Ist außer ihm wohl jemand noch vorhanden,
Der es gemacht? Ich seh's nicht ein.
Wer sollte dieser Jemand seyn?
Die Kunst, sprach die bejahrte Spinne,
Hat diesen Tempel aufgebaut.
Wohin auch nur dein blödes Auge schaut,
Wird es Gesetz und Ordnung inne:
Und dieß beweist, daß ihn die Kunst ge-
baut.

Hier lachte meine Fliege laut.
Die Kunst? sprach sie ganz höhnisch zu
    der Spinne;
Was ist die Kunst? Ich sinn' und sinne,
Und sehe nichts als ein Gedicht.
Was ist sie denn? Durch wen ist sie vor=
    handen?
Nein, dieses Mährchen glaub' ich nicht.
Lern' es von mir, wie dieser Bau entstan=
    den:
Es kamen einst von ungefähr
Viel Steinchen Einer Art hieher,
Und fingen an zusammen sich zu schicken.
Daraus entstand der große hohle Stein,
In welchem wir uns beid' erblicken:
Kann was begreiflicher als diese Meinung
    seyn?

Der Fliege können wir ein solch Sy=
    stem vergeben;
Allein daß große Geister leben,
Die einer ordnungsvollen Welt
Ein Ungefähr zum Ursprung geben,
Und lieber zufallsweise leben,
Als einen Gott zum Thron erheben:
Das kann man ihnen nicht vergeben,
Wenn man sie nicht für Narren hält.

www.ingramcontent.com/pod-product-compliance
Lightning Source LLC
Chambersburg PA
CBHW021817230426
43669CB00008B/782